U0483431

高校排球运动教学与实践创新研究

王强　著

人民体育出版社

图书在版编目（CIP）数据

高校排球运动教学与实践创新研究 / 王强著. -- 北京：人民体育出版社，2022（2023.4重印）
ISBN 978-7-5009-6193-2

Ⅰ. ①高… Ⅱ. ①王… Ⅲ. ①排球运动—教学研究—高等学校 Ⅳ. ①G842.2

中国版本图书馆CIP数据核字(2022)第130390号

*
人民体育出版社出版发行
北京建宏印刷有限公司印刷
新　华　书　店　经　销
*
787×960　16开本　14.5印张　249千字
2022年11月第1版　　2023年4月第2次印刷
*
ISBN 978-7-5009-6193-2
定价：65.00元

社址：北京市东城区体育馆路8号（天坛公园东门）
电话：67151482（发行部）　　邮编：100061
传真：67151483　　邮购：67118491
网址：www.psphpress.com
（购买本社图书，如遇有缺损页可与邮购部联系）

前 言

2017年国务院出台了《国家教育事业发展“十三五”规划》，其中明确指出贯彻落实新发展理念，全面实现“十三五”时期教育改革发展目标，必须紧紧围绕全面提高教育质量这个主题，更新育人理念，创新育人方式，改善育人生态，提高教师素质，全面提升育人水平。随着现代排球运动的不断发展，其教学内容、形式也在不断发生着变化，对排球教学的理论和实践体系提出了新的要求。如何科学合理地构建排球教学体系，深入贯彻新课程改革方案的指导方针，改善体育人才的培养体系与课程结构，成为当下体育院校最重要的改革内容，也是排球研究者关注的重要问题之一。

在这样的背景下，本书从提高教育教学质量的角度出发，目的在于改变传统的教学理念和方式方法，改变以教师为主、学生为辅的教学模式，充分发挥学生的自主性和能动性，激发学生的学习兴趣，培养学生自主学习的能力，最终以达到提高教学质量的目的。本书在坚持人本理念、体现个性差异的时代，在兼顾知识系统完整性和实用性原则的基础上，突出培养学生在受教育过程中的个性与兴趣。本书对排球课程的教学理论进行分析，以排球运动教学理论为切入点，系统地介绍了排球运动的基础知识、排球运动技战术教学与训练的理论和方法、排球运动员体能与心理技能训练方法，同时对高校排球运动中出现的损伤和损伤预防进行阐述；有利于排球运动专业人士全面系统地学习和掌握排球运动的理论知识、技术和技能，掌握排球运动的发展规律和动态，培养专业人员排球运动的教学与训练、组织和管理工作以及科研能力。编写本书旨在进一步促进我国排球运动教学改革进程。

本书在写作过程中，吸收、借鉴了国内外专家学者的最新研究成果和出版文献，在此一并表示感谢。另外，由于水平有限，不妥之处在所难免，敬请广大读者批评指正。

作者

2022年3月18日

目　录

第一章
排球运动的演变史

第一节　排球运动的起源与传播

一、排球运动的起源

19世纪末的美国资本主义经济迅速发展，大量的劳动力得到解放，人们开始追求强身健体且富有趣味性和深刻文化内涵的体育运动项目。当时盛行的橄榄球、篮球等运动比较紧张激烈，相对适合一些年轻人参加，但对于大多数中老年人来说，就只能望而却步。1895年，美国马萨诸塞州（也称麻省）霍利沃克市的基督教青年会干事摩根在经过一段时间的摸索之后，创造了一种运动量适当又富有趣味性、男女老少都能参加的室内娱乐性项目——排球游戏。最初的排球游戏以网球和篮球为基础，游戏时在篮球馆里把网球网架到1.98m的高度，人们用篮球内胆当作游戏用球，像打网球一样隔着球网来回击打，使其在空中飞来飞去，直至球落地则为失败一次，这就是排球运动的雏形。当时排球游戏只是作为人们日常的一种消遣活动。

由于篮球内胆太轻，在空中飘忽不定，不易控制球的方向、路线和落点，而改用篮球和足球又太重太大，不能用手部击打，并极易挫伤参与者的手指、手腕，因此必须设计出轻而小的球。于是，摩根找到了当时美国规模较大的司堡尔丁体育用品公司，要求他们设计出一种既不伤手指、手腕，又不会一触球就跑的用软牛皮包制的球。司堡尔丁体育用品公司按摩根的要求，设计制作了与现在排球相接近的、外表是皮制的、内装橡皮胆、圆周为63.5～68.6cm、质量为255～340g的历史上的第一批排球。

摩根把这种游戏式的运动取名为“Mitontte”，意思是“小网子”。1896年，在美国马萨诸塞州斯普林菲尔德基督教青年会体育指导大会上进行这种游戏的首次示范表演赛，获得了在场观众的赞赏。当时，观看比赛的春田大学的阿尔福德·T·哈尔斯戴德博士发现这种打法和网球有些相似，于是建议把这一运动命名为“Volley ball”，即“空中连续截球”之意。这个名称更加符合游戏的本意，即让球在空中飞来飞去，而参与者是在来回不断地（截击）“Volley”，因此得到了摩根及表演者的一致同意。1951年，“Volley ball”这个复合词第一次正式出现在印刷物上，一直被沿用至今并成为现代排球的国际通用名。同年，春田市的两个排球队进行了第一次公开比赛，并采用了美国人卡麦隆出版的排球比赛规则，双方的上场人数均为5人。

在排球运动的早期历史上，对于比赛的场地面积、球网高度以及双方的参赛人数都没有统一的规则，只要比赛双方人数对等即可。1897年，基督教青年会出版了第一版官方排球规则汇编，在美国《体育》杂志上公开介绍了排球比赛的打法及简单规则，但当时并没有对排球比赛规则产生太大影响。直到1912年比赛规则修订之后，排球运动才蓬勃开展。1916年，规则除了把室内排球比赛每方上场队员人数限定为6人外，还把排球网高定为约2.44m，并且采用轮转发球。这些规则的修改，为1922年在纽约城举办的第一届全美男排冠军赛奠定了一定基础。1928年美国排球协会成立，不久以后就取代了基督教青年会成为美国排球运动的主要组织。同年，在女子排球比赛中采用了独立的规则，其中的一些规则（如比赛双方每队上场8名队员，以及每次发球轮转采用双发制）一直沿用到20世纪50年代。1949年，美国举办了第一届女子排球比赛，从那时起女子排球运动得到了迅速普及。

在社会、教会、学校纷纷热衷于排球运动的同时，美国军队也开始重视排球运动，并将其列入了军事体育项目。第一次世界大战以来，排球运动在军队中得到了广泛的开展，在空军中一度达到了狂热的程度。排球运动在美国一直带有强烈的娱乐性，因此长期以来只是当作娱乐项目对待，直到1942年，也就是排球运动诞生的第47个年头，才举行了第一届全美排球锦标赛。1952年，全美陆军举行排球淘汰赛，从此排球运动朝着运动竞赛的方向发展。

二、排球运动的传播

美国的春田学院是排球运动的发源地，该校的基督教青年会是最早传播排球运动的组织。当时，基督教青年会的干事、传教士、春田学院毕业的学生以及参加第一次世界大战的美国士兵都成为排球运动的初期传播者。

美国通过教会的传播和军队的军事活动，逐渐把排球运动传播到世界各地。由于各地传入排球运动的时间及采用的比赛规则不同，所以排球运动水平也不尽相同，排球运动的形式也随之迅速发生了变化。

排球运动的传播主要受到了地理位置的影响，6人制排球首先传入美洲其他国家。1900年，通过基督教青年会的传播，加拿大成为第一个开展排球活动的国家。1905年传入古巴，1909年传入波多黎各，1912年传入乌拉圭，1914年传入墨西哥，1917年传入巴西。在美洲各国，人们习惯将排球运动看作一项消遣娱乐活动，并没有看重它的体育竞技性质，直到1964年排球运动被列入奥运会正式竞赛项目，运动水平也随之提高。

排球运动传入亚洲的时间也较早，主要是通过基督教青年会的传播。1900年传入印度，1905年传入中国，1908年传入日本，1910年传入菲律宾。排球运动在亚洲的发展过程中先后经历了16人制、12人制、9人制的比赛形式及相应的规则，直到20世纪50年代初才正式开展为6人制排球运动。亚洲排球技战术的发展对世界排球运动的发展做出了巨大的贡献。

排球运动传入欧洲的时间迟于亚洲，是由参加第一次世界大战的美国士兵将排球运动带到了欧洲大陆和地中海沿岸。1914年传入英国，1917年传入法国、意大利、俄国，1918年传入南斯拉夫，1919年传入捷克斯洛伐克、波兰，1922年传入德国。排球运动传入欧洲虽晚，但传入的是6人制排球，而且当时排球运动已经成为一项竞技性运动，所以很快在欧洲得以迅速发展，在相当长的一段时间里，欧洲国家的排球运动水平始终在世界排坛名列前茅。

排球运动传入非洲的时间最晚，1923年传入埃及、突尼斯、摩洛哥等国家。由于起步较晚，传入后又没能广泛地开展，所以至今非洲排球运动的技战术水平在世界排坛中还处在落后的位置。尽管近几年，非洲的肯尼亚和阿尔及利亚两国取得了进步，但是非洲球队的整体水平较欧美和亚洲确有差距。

排球运动自1895年创始到20世纪30年代，已经逐步发展成为遍及世界五大洲、为广大爱好者所热衷的体育运动项目之一。尽管开始时这项运动的水平不高，并且大多只是作为一种游戏性的健身活动，但是奠定了排球运动向高水平发展的基础。

第二节　世界排球运动发展简史

一、世界排球运动发展的阶段

120多年来，世界排球运动发展大体经历了3个阶段，即从娱乐排球向竞技排球过渡阶段、竞技排球迅速发展阶段、竞技排球的多元化和娱乐排球的再兴起阶段。

（一）从娱乐排球向竞技排球过渡阶段

排球运动诞生之初，是为中老年人锻炼身体而创造的一种娱乐性游戏。人们对球进行隔网拍打，以使球不落地为乐趣。初始时技术简单而粗糙，双方只是争取一次将球击过网，若不能一次将球击过，会有同伴再击。在游戏过程中人们逐渐体会到一次击球过网并不一定是最佳方式，有时从前场近网处甚至跳起击球过网，反而能创造更好的获胜机会。由此便出现了多次击球的打法，以寻找最佳时机或为技术更好的同伴创造得分机会，即形成了有意识、有目的、有组织的集体配合战术的雏形。

后来人们又认识到，一方无休止地击球也不合理，于是产生了每方击球至多3次必须过网的规定。这一规定的产生使单一的拍击动作开始分化为传球和扣球两种技术。富有攻击性的扣球技术的出现，吸引了更多的年轻人参加，使单纯以娱乐、游戏为目的的排球运动增添了激烈对抗的色彩。为对付扣球又产生了拦网技术，发球也采用了增加力量的侧面上手球，至此排球运动产生了质的飞跃。

随着排球运动竞技性、对抗性的加强，人们对比赛规则越来越重视。1921—1938年规则进行了多次修改和完善，发球、传球、扣球和拦网已成为当时的四大基本技术。在运用各项技术的同时，形成了有意识、有目的、有组织的战术配合，场上队员也出现了位置分工。到了20世纪30年代末和40年代，排球战术进一步发展，为了对付集体拦网，大力扣球和吊球相结合的打法相继产生，与之相适应的拦网保护战术系统初步形成。这一阶段排球运动的特点是从开始时的娱乐游戏性质逐渐向竞技过渡，国际间的比赛并没有形成统一的竞赛规则、竞赛制度和竞赛组织。

（二）竞技排球迅速发展阶段

第二次世界大战后，一些国家已相继成立了排球协会。人们希望国际上有个统一的组织来开展国际上的排球竞赛与交流。1946年8月26日，由法国、捷克斯洛伐克、波兰3个国家的排球代表在布拉格召开会议，倡议成立国际排球联合会。1947年4月，国际排联在巴黎正式召开成立大会，有14个国家的排协负责人出席了会议，选举了法国的保尔·黎伯为第一任主席。此次大会制定了国际排联宪章，成立了技术委员会、竞赛委员会和裁判委员会，并正式出版了通用的排球竞赛规则。国际排联的成立标志着排球运动从此摆脱了娱乐游戏性质而进入竞技排球的新阶段。

国际排联成立后组织了一系列国际性的大赛，如第一届欧洲男子（1948年）、女子（1949年）排球锦标赛，第一届世界男子（1949年）、女子（1952年）排球锦标赛，第一届世界杯男子（1965年）、女子（1973年）排球赛，第一届世界青年男、女（1977年）排球锦标赛和奥运会男、女（1964年）排球赛。这些国际比赛每隔4年举行一次，一直延续至今。此外，国际排联下属的各洲联合会也定期组办锦标赛、洲运动会排球赛、洲青年锦标赛等。在众多的大型比赛和广泛的国际交往促进下，排球运动得到了蓬勃的发展。20世纪50年代，东欧一些国家排球运动技术水平较高。苏联男、女排均以身高体壮、扣球力量大且凶狠而成为当时“力量派”的代表，曾多次蝉联世界冠军。捷克斯洛伐克男排是当时“技巧派”的代表，他们以变化扣球线路和控制球的落点为特色，扣球轻重结合，是“力量派”的主要对手，但在实际抗衡中仍是“力量派”占据上风。

20世纪60—70年代是排球技术和战术发展较快的一个时期，世界排坛呈现不同流派，各显特色，不同风格先后称雄的局面。60年代初，日本女排在大松博文教练的带领下创造了滚动救球、小臂垫球及勾手飘球技术，突破了以苏联、东欧为代表的技术模式，从此改写了苏联女排独霸世界冠军的历史。日本女排在技术上的三大发明是排球技术和战术上的一次重大变革，为排球运动的发展作出了极大的贡献。这一时期的女子排球是以日本为代表的“防守加配合”和苏联为代表的“进攻加力量”打法的抗衡，她们平分了八届大赛的金牌，世界女排进入了日苏对垒的时代。

1965年国际排联对规则进行了修改："允许手过网拦网。"规则的这一改变，使如何突破拦网，提高网上控空权成为比赛取胜的关键因素。当时男子"力量派"打法已不占优势，德意志民主共和国队因突出高大队员的"超手扣球"解决了这一问题并取得了连续两年的世界冠军而被称为"高度派"。当时中国男排针对拦网规则的变化，创造了"盖帽拦网"和"平拉开扣球"技术，开创了"小个子打大个子"的先河，引起了世界排坛的哗然。日本男排很快在学习我国"平拉开扣球"和"近体扣球"的基础上创造了"短平快""时间差""位置差"等进攻打法。1972年第20届奥运会上，日本队击败以高度著称的德意志民主共和国队，为亚洲夺得了首枚奥运会男子排球赛的金牌。至此，以中国队和日本队为代表的"速度派"开始形成。这一时期男子排球四大流派的对峙，丰富了排球的技战术打法。这时的排球运动逐渐以其激烈的对抗性和高度的技巧性展现自己的魅力。国际排联为了推动排球运动的发展，1977年再次修改了规则，即拦网触手后仍可击球3次，这样又给组织进攻提供了更多的机会，进一步提升了攻防的激烈程度。20世纪70年代后期中国男排首创了"前飞""背飞"等空间差系列打法，中国女排发明的"单脚背飞"技术，波兰男排创造的后排进攻战术，使排球运动进攻战术配合进入从二维空间发展到三维空间、从平面配合发展到立体配合的新阶段。在这一阶段美洲的排球运动也得到了迅猛发展，古巴男、女排和美国女排迅速崛起并跻身于世界强队之列。随着国际交往的不断增多，各种流派在相互取长补短中逐渐融合。欧洲各队吸取了亚洲的快攻打法，向强攻加快攻、力量加技巧方向发展。亚洲各队在进一步发展快变战术的同时，重视提高运动员的高度以增加进攻威力。总之，20世纪70年代是竞技排球发展最为突出的时期，由单一模式到不同流派的产生，由重攻轻守到攻防兼备，由追求高度和力量到追求技战术，由注重个人技巧到讲究集体配合，竞技排球技战术产生了质的飞跃。

（三）竞技排球的多元化和娱乐排球的再兴起阶段

1. 竞技排球的多元化

进入20世纪80年代，竞技排球已度过了它的成长、发育时期而逐步走向成熟。中国女排之所以在1981—1986年连续5次夺冠，正因为她们是一支既有高度又有灵活性、既能攻又能防、既能快又能高的全面型球队，练就了一套攻防全面、战术多变，以高制矮、以快制高的技战术打法，中国女排在世界排球运动发展史上写下了最辉煌的篇章。这一时期，美国男排创造性地运用了沙滩排球中的二人接发球战术，发明了摆动进攻战术。在比赛中队员还大胆地运用跳发球和后排进攻技术，使前排的快变与后排的强攻有机地结合成纵深立体进攻战术，而且该队队员不仅文化素养高，善于改革创新，而且防守积极，作风顽强，终于使这支一直默默无闻的球队连续4次获得世界冠军。

中国女排和美国男排的成功，标志着排球运动技战术观念的转变，它预示着排球运动进入了全攻全守的新时期。全攻全守已不仅是个人攻防技术的称谓，而是指整体全方位的攻守。全攻首先从观念上打破了传统的进攻模式，意味着进攻的手段是从发球开始并包含拦网。西欧男排继美国男排崛起后，在职业联赛的交流中进一步发展了美国男排的攻防体系，使跳发球和纵深立体进攻战术达到运用自如的程度，尤其是意大利、荷兰等国家，跳发球空中飞行时间仅为0.5s，速度达到30m/s，且拦网的成功率很高，因此进攻已不再是第3次击球的专利了。

全攻意味着进攻的变化已不仅局限在网前的二维空间内，而是充满整个场地的三维空间。意大利、荷兰等国家的男排不仅有高快结合的前排进攻，而且有在前排进攻配合下，从二传出手到扣球仅用0.8s的背平快后排进攻，形成了高、快结合，前、后结合的全方位进攻局面。全守即体现全方位的防守，首先是技术动作的全方位。当今由于进攻水平的不断提高，那种单纯依靠手和手臂击球的动作要防起迅雷不及掩耳般的扣球是相当困难的。为了促进攻守平衡，国际排联本着积极鼓励防守技术的发展，同时又不消极地限制进攻技术的原则，从1984年开始，先后从规则上放宽了对运动员第一次击球时判断连击犯规的尺度，1992年将合法的触球部位从髋关节以上改为膝关节以上，1994年又由膝关节以上改为身体的任何部位均可触球，于是出现了手、脚、身全方位的防守动作，扩大了队员的防守面积，提高了防守质量。1999年规则又增加了后排自由防守队员。其次，体现在当代防守观念的转变，即由预判的“出击防守”代替了固定位置的“等待防守”，“高位防守”的取位则更需要运动员具有高水平的判断、反应及控制球的能力。最后，全方位的防守还体现在针对对手的进攻特点，随时调整拦网与防守的配合，打破原有的防守阵型模式，从而兼顾防守效果和防后的反攻进行布阵。

20世纪90年代，意大利、荷兰男排以惊人的速度在国际上确立了领先的地位，标志着竞技排球走向社会化、职业化的时代已经到来。由于排球运动的职业化趋势，使排球运动的技战术水平跃上了一个新的台阶。职业俱乐部的实施使意大利排球水平突飞猛进，男排水平尤为突出。1988年以前的历次世界大赛中，意大利男排只有4次进入前8名，而1988年后每次都打入大赛的前8名（其中4次荣登冠军宝座，4次获亚军），意大利女排也获得2002年世界锦标赛冠军。在女排方面，古巴女排在高举高打的同时，也加快了进攻速度，并克服了情绪波动的弱点，在90年代独领风骚，1989—2000年先后夺得8次世界冠军。

进入21世纪，世界排坛的格局发生了根本性的变化。女子排球方面，古巴女排走下神坛，不再有一枝独秀的实力，中国、俄罗斯、意大利、巴西、美国女排呈多强林立的局面。男子排球方面，从诸强纷争变为巴西队异军突起，自雷纳多执教巴西男排以来，他们先后夺得了2002年世界锦标赛、2003年世界杯和世界男排联赛及2004年奥运会的冠军。

2. 娱乐排球的再兴起

随着时间的推移，排球运动的娱乐性逐渐被其竞技性所取代。进入20世纪80年代以来，竞技排球的技术和战术都发生了质的变化，全方位的攻、防更增加了比赛的观赏性。但随着现代经济的发展，人们对物质文化消费的需求也在不断提高，健身娱乐逐渐成为人们消除疲劳的有效方法。人们在观看比赛时获得赏心悦目的享受之余，也渴望亲自体验参与这项运动的乐趣。由于排球运动本身的高度技巧性，往往使前来参加运动的人望而却步。因此，人们希望有种大众都能够参加的排球运动尽快诞生，于是人们开始从球的性能、比赛规则上进行了适当的修改，全球性的娱乐排球便应运而生。

国际排联在竞技排球中的一系列改革，虽然吸引了更多的观众，但参与的还不多，这无疑会影响人们对该项运动的喜爱，于是国际排联对这些适合大众开展的排球运动形式给予了积极的支持和重视。20世纪90年代国际排球联合会把沙滩排球列入了整体发展规划，并成立了沙滩排球委员会，1993年出版了第一部正式竞赛规则。1996年沙滩排球成为亚特兰大奥运会正式比赛项目。目前软式排球、迷你排球（小排球）都组织过世界性的青少年比赛。总之，娱乐排球的再兴起，标志着现代排球运动进入了竞技排球与娱乐排球共存的新时代。

二、排球运动发展的驱动因素

排球运动从问世之日起，就是以双方隔网用手相互击球，进行攻防对抗的形式来区别于其他的球类运动。时至今日，虽然竞技排球仍是双方在隔网进行攻防的击球对抗中来决定胜负，但其对抗的形式和内容都发生了质的变化。排球运动之所以能从单纯的娱乐游戏发展到今天既具有高技巧性、战术复杂多变的竞技性，又具有休闲、健身、游戏的娱乐性，其主要因素不外乎以下两个方面。

（一）观念的转变促进了排球技、战术的发展

1. 攻防观念的转变促进了排球技战术的发展

排球运动自从传、扣技术分开后，人们就把那种在网前跳起后将球扣到对方的技术看成是向对方的进攻。20世纪50年代，人们的进攻观念发展到通过“中、边一二”战术的形式形成两个不同的进攻点给对方以威胁，后来由于拦网技术的出现，人们认识到不能一味由一两点往下扣，若不避开对方的拦网，就很难发挥进攻效果，于是出现了60年代的“线”，即扣直线、斜线、高弧线的球。扣球个人战术也应运而生，如转体、转腕扣球等，70年代随着运动员的身高及弹跳力的增长，进攻只限于点、线的也很难通过拦网，于是人们的进攻观念开始走向充分利用网长的整个垂面。当时的集中与拉开、高球与快球、时差与位差等战术扣球形成了70年代的“面”，但当时的进攻观念仍不能摆脱拦网的威胁，于是人们的进攻观念从网前向场地的纵深迁移，远网扣球、后排扣球、跳发球的相继出现，说明了进攻区域已从网前扩大到了端线。另外，此时的排球比赛已把发球和拦网列入了向对方发起进攻的形式和手段。现代竞技排球已摆脱了“中、边一二”和“插上”的进攻形式，二传可在场上的任何位置组织进攻，扣球队员可在场上任何位置扣球，形成了一种新的“中、边一二”和“插上”的进攻形式。场上主攻与副攻的分工已不明显，主攻常打快攻，副攻参与强攻与后排攻，两翼队员在前后排的跑动进攻已成为比赛的主要得分手段（由于接应二传的职责发生了根本性的变化，所以当前称其为两翼队员，其意思是指该位置要承担起在阵型的另一翼向对方发起进攻的任务）。

人们对排球运动在进攻观念上的不断变化，促进了防守观念的转变。当初在点、线、面的进攻时代，防守是从固定位置采用低姿的以单、双臂击球的各种救球动作，在“心跟进”“边跟进”防守阵型的位置分工下进行的。由于防守阵型有了“扩大”和“压缩”型的变化，于是前扑、鱼跃、滚翻垫球及挡球技术也随之而生。当进攻战术发展到全方位的立体进攻时代，人们的防守观念也发生了突变，即认识到要将过去那种被动的、等待型的防守动作，变成积极的、出击型的防守动作，把固定位置分工的防守模式变成针对型、变换型、动态型乃至全方位的防守动作和全方位的拦网整体配合。

2. 排球竞赛规则的修改，使竞技排球运动发展得更理想、更完美

排球运动从游戏活动向竞技运动发展的过程中，规则的修改和增补促进了排球运动向着更完美、更理想的方向发展。最初对规则的修改和补充只是以适应技战术发展和维护排球运动特性为目的，如在最初的规则中取消了球在网前落地一次的规定，以保护排球运动“空中击球”“球不落地”的特点。随着传扣技术的分化，规则又补充了发、传、扣球的技术概念，以后的规则规定在场地上设置中线是为了适应扣球和拦网技术的发展。1977年规定标志杆内移和允许拦网后再击球3次，促进了快速反攻战术的形成。进入20世纪80年代，人们对规则修改的原则进行了重新认识，在对待攻防平衡的认识方面，认为应积极地鼓励防守技术的发展，而不能消极地限制进攻技术的发展。因此，在放宽了对第一次击球时连击的判罚和允许身体任何部位（包括脚）均可触球后，规则又减小了比赛用球的球内气压，以适当降低球速而有利于防守。从此，全方位的防守技术动作相继出现，由手臂的击挡到身体各部分的击挡，直至脚击球动作的产生，扩大了防守的控制范围，为有预判的出击式防守取代固定位置的等待式防守创造了先决条件，同时促进了前排拦网和后排防守更有针对性地配合，使防守阵型产生了质的变化，从而使防守质量大幅提高。1999年规则增设“自由防守人”，更利于接发球和后排防守。

排球运动的社会化和商业化在很大程度上要借助电视传播等媒介。为了成功地把排球运动推向市场，人们意识到规则的修改要利于电视转播。1992年规则补充了每局有1分钟的技术暂停时间，就是为了适应赞助商播放广告的需要。另外，为了有利于电视转播又不影响比赛的精彩程度，1997—1998年，国际排联试行了各种竞赛制度修改方案，最终以当前的每局25分的每球得分制代替了发球权得分制，从而加强了比赛时间的可控性。

总之，排球规则的每次修改都是对排球运动发展的又一次促进，使排球运动向更完美、更理想的方向发展，使其更快成为人们最喜爱的体育项目之一。可见排球运动的发展和演变与规则有着密切的关系，排球规则的不断修改、完善和变化，促进了排球运动向前发展。

（二）物质文明的发展，促进排球运动向着竞技性和娱乐性共存的方向发展

随着高科技时代的到来，科技工作也逐步介入排球运动中，体现在将其他学科的新理论、新方法应用于排球运动的研究越来越多，其中许多科研成果为世界排球运动作出了很大的贡献。意大利男排主教练以先进的理论和实践确立了“排球场上没有防不起的球”这一训练指导思想，并提出了防重扣的有效方法，使意大利男排在1990年世界排球联赛中，防起率达64.3%，该队水平也从1989年至今始终保持在世界前列，并且多次夺得冠军称号。古巴排球运动科研工作最富有成效的方面，是他们总结了一套快速提高运动员身体素质的方法，体现在能使运动员具有惊人的腰腹力量、卓越的弹跳力及风驰电掣般的挥臂速度。然而，随着物质文化消费水平不断地提高，健身、娱乐、休闲逐渐成为人们的一种生活需要，人们已经不仅仅满足于从观赏精彩排球比赛中愉悦身心，更渴望能亲自参与该项运动中去体现自我、健身娱乐，因此，单纯开展6人竞技排球已不能满足人们日益增长的需要，于是全球性的以各种形式出现的娱乐排球悄然兴起。当今的排球运动已不再是6人竞技排球的专称，它体现了竞技排球与娱乐排球的共存。

第三节　中国排球运动发展简史

19世纪末20世纪初，随着西方文化的大量传入，西方的一些竞技运动项目逐步在中国开展起来，排球运动也是在这一时期传入中国。在传入初期，排球运动只是作为一项游戏用于娱乐活动，很少有竞赛活动。直到1913年远东运动

会中国、菲律宾进行首次排球比赛后，中国各地才逐渐开展起排球运动的竞赛活动。

一、中国排球运动发展的历程

（一）中华人民共和国成立前排球运动的发展概况

1905年，排球运动首先在广州南武中学和香港皇仁书院流行起来，后来主要通过基督教青年会体育部、留学生、外籍人士等以教学、游戏、训练班及表演赛等方式进行传播，排球运动逐步在我国部分城市的一些学校中开展起来。人们根据 Volley ball的译音，把空中击球称为“华利波”。1913年，我国参加了在菲律宾举行的第1届远东运动会排球赛，这是世界上第一次正式的排球国际比赛，虽然参赛队只有中国和菲律宾，我国的代表队又是临时从田径、足球队中抽调的一些运动员拼凑起来的，但比赛打得精彩、激烈，引起了人们的兴趣。这些队员回国后，将正式的排球运动带到了广州、台山、文昌等地。

男子排球从1914年的第2届，女子排球从1924年的第3届全国运动会开始被正式列为比赛项目，并将“华利波”改称为“队球”，取成全队比赛之意。1915—1934年，我国男排参加了10届远东运动会，曾获得5次冠军和5次亚军。而我国女子排球比赛开始较晚，1921年在广东省运动会上首次出现，1923—1934年曾参加了5次远东运动会，均获亚军。1930年中国第4届全运会之前，经中华全国体育协进会研究，根据球在空中被来回击打和参加者成排站位这两个特点，将“队球”改称“排球”。从此，排球这一名称和运动形式在我国传播开来并沿用至今。

受远东运动会的影响，我国排球运动经历了16人制—12人制—9人制—6人制的演变过程。1915—1919年，我国排球比赛采用16人制，每方上场16名队员，分成4排，每排4人进行站位，比赛中位置固定不轮转。1919—1927年，我国排球比赛采用12人制，双方各12名队员上场，分成3排，每排4人站位，场上位置仍固定不轮转。当时已出现上手发球、正面扣球、单人拦网及倒地救球等技术动作。1927—1951年，我国排球比赛采用9人制，双方各9名队员上场分成

3排，每排3人站位，位置同样采用固定不轮转。当时又出现了勾手大力发球、勾手扣球和鱼跃救球等技术动作，尤其在第8届、第9届远东运动会上，为了突破菲律宾高大球员的拦网，我国队员创造了“快板球”技术和快球及快球掩护下的两边拉开进攻战术。9人制排球在我国延续了24年之久，是在采用6人制之前，我国开展排球运动时间最长的一种比赛形式。我国正式采用6人制排球是在中华人民共和国成立以后。虽然，此前排球运动已在我国开展了40余年，但因国家贫穷落后，普及程度不高，只是在几个大城市和东南沿海地区得到开展，所以技术水平不高，战术也非常简单。

（二）中华人民共和国成立后排球运动的发展概况

1. 初露锋芒阶段

中华人民共和国成立后，排球运动便很快被国家作为重点体育项目在全国进行推广、普及，成为发展较快的体育运动项目之一。为了适应国际体育文化交流和比赛的需要，1950年7月在全国体育工作者暑期学习会议上，中华全国体育总会第一次向与会人员介绍了国际排联制定的6人排球竞赛规则和方法。1951年1月，组建了中国青年男子排球队，并赴柏林参加第11届大学生冬季运动会和第3届世界青年联欢节。1951年5月，在北京举行的第1届全国篮、排球比赛大会上正式采用6人制排球比赛，并组建了国家男、女排球队，即当时的“中央体训班男、女排球队”。1952年国家男、女排到全国14个城市进行6人制排球比赛的示范表演，为6人制排球运动在我国的普及起到了积极的推动作用。1953年，中国青年女子排球队首次随中国代表团参加在布加勒斯特举行的第1届国际青年友谊运动会排球赛。1953年中国排球协会成立，1954年1月1日，我国加入国际排球联合会（简称国际排联），成为正式会员国。为了向当时排球运动处于领先地位的东欧各国学习，中国男、女排球队在赴布达佩斯参加第12届大学生运动会途经苏联时，曾到莫斯科、基辅等城市边训练边比赛，系统地学习苏联排球队的先进技战术打法和训练方法，对中国排球运动的发展起到了很大的推动作用。

中国排球除了走出去外，还采取请进来的方法学习外国的先进技术及理论，在这一时期，捷克斯洛伐克军队男排和保加利亚男、女排球队先后应邀来我国访问。1956年，国家体委邀请了苏联专家戈洛马佐夫在京、津两地举办“全国排球教练员训练班”讲课，学员们全面系统地学习了苏联排球运动训练的理论与方法，为我国排球运动的发展起到了重要的促进作用。同年建立了全国联赛的竞赛制度，并颁布了《中华人民共和国运动员、裁判员等级制度条例（草案）》，教育部颁布的《一般高等学校体育课试行教学大纲》《中等学校体育教学大纲（草案）》和《师范学校体育教学大纲（草案）》，均把6人制排球列为必修课程。

20世纪50年代，我国排球按照普及与提高相互促进，以普及促提高，以提高带普及的发展思路，在继承9人制排球技战术的基础上，首创了快球和快攻战术，使我国排球运动水平迅速提高。1956年，中国男、女排球队首次参加巴黎世界锦标赛（男子第3届、女子第2届）就取得了女子第6名，男子第9名的好成绩，在国际排坛上初露锋芒。

1964年，周恩来总理邀请大松博文教练率领当时的世界冠军日本女排访华，并请他亲自指导排球运动员训练。贺龙副总理要求我国排球界要学习大松博文教练的严格要求和日本女排刻苦顽强的训练作风，明确提出“三从一大”即“从难、从严、从实战出发，坚持大运动量训练”的训练原则，极大地推动了我国排球运动的训练工作，使我国排球运动水平又有了显著提高。当时我国不仅学习了日本女排的勾手飘球、垫球及滚动救球技术，而且创造了“盖帽拦网”和“平拉开扣球”技术。

20世纪60年代前后，我国各省、市队根据自己的特点开始形成各自不同的风格和技术打法。例如，以广东队为代表的快速配合，以四川队为代表的细腻稳健，以北京队为代表的高打强攻，以解放军队为代表的勇猛顽强，以上海队为代表的灵活多变等，充分体现了我国6人制排球技战术水平的明显提高。

1966—1976年，我国的体育事业受到了严重摧残，排球运动也同样遭此厄运，期间运动队都停止了训练，甚至有的队被解散，排球运动的整体技术水平下降，运动队出现青黄不接的局面。在1974年的世界排球锦标赛上，我国男女队分别降至第15名和第14名，我国与世界强队之间缩小的差距又被进一步拉大了。

2. 腾飞辉煌阶段

1972年在周恩来总理发出“要把体育运动重新搞上去”的号召下，国家体委以举办五项球类运动会的形式恢复了体育竞赛，并于同年召开“三大球训练工作会议”。会议总结以往工作经验，找出存在的差距，进一步明确今后排球训练工作的指导思想及发展规划，建立排球训练基地，并开始有计划地组织各省市队的集中训练工作。通过每年的冬训，各省、市队有了较长时间能够集中在一起相互学习、相互促进，这对提高技战术水平，迅速培养后备力量起到了一定的催化作用。1976年，我国开始组建新的国家男、女排球队。

1977年中国男排在第3届世界杯排球赛中力压巴西、美国等欧美球队获得第5名，1978年又在第9届世界排球锦标赛中获得男子第7名，1979年我国男排在亚洲锦标赛中战胜韩国队获得冠军，并取得参加奥运会的资格。1981年男排第4届世界杯预选赛，中国男排在0：2落后的局面下，连扳三局逆转战胜韩国队，从而进军该届世界杯，并在赛事中再次获得第5名。逆转战胜韩国队的消息传到北京后，北大学子喊出了“团结起来，振兴中华”的时代最强音而传遍大江南北，为我国20世纪80年代的改革开放事业注入强大的号召力。

20世纪70年代末到80年代初，是我国男排技战术水平提高较快的时期，在继承传统快攻打法的基础上，又大胆创新了“前飞”“背飞”“拉三”“拉四”等新战术，形成了一套自己的快变战术打法。当时，中国男排的实力不仅冲出了亚洲，而且具备了与世界强队抗衡的能力。1977年中国女排在第2届世界杯排球赛中获得第4名，1978年又在第9届世界排球锦标赛中获得第6名，1979年中国女排在亚洲锦标赛中战胜当时的亚洲和前世界冠军日本队获得冠军，并取得参加奥运会的资格。1981年中国女排在日本举行的第3届世界杯排球赛中以7战7捷的战绩，第一次获得世界冠军的称号，为三大球翻身打响了第一炮。1982年在秘鲁举行的第9届世界女排锦标赛中中国女排再次夺冠，1984年中国女排继续发扬顽强拼搏精神，在美国举行的第23届奥运会排球赛中再次问鼎冠军，第一次在奥运会排球比赛馆内升起了中国的五星红旗。1985年在日本举行的第4届女排世界杯、1986年在捷克斯洛伐克举行的第10届世界女排锦标赛中，中国女排又相继夺得冠军，创造了世界大赛中五连冠的新纪录。

这一时期我国的排球运动可谓以“全攻全守、能高能快”的战术特点，显示了世界排坛的新潮流，从此中国男、女排开始冲出亚洲，走向世界，实现了中国排球运动的腾飞。

3. 低谷徘徊阶段

20世纪80年代，当世界男子排球运动迅猛发展的时候，我国男排由于种种原因造成了运动水平的下降。1982年世界锦标赛的分组本来对中国男排非常有利，但因关键时刻队员的心理承受能力差，失去了进入前4名的机会，仅获第7名。1984年洛杉矶奥运会又以1胜5负的战绩排名第8。1985年世界杯亚洲区预选赛又以1：3负于韩国，从而失去参加世界杯的资格。1987年亚洲锦标赛上负于日本而失去参加第24届奥运会的资格。1989年在亚洲锦标赛上负于日本队和韩国队，名列第3。

1997年，中国男排在新任主教练汪嘉伟的带领下重新夺得亚洲锦标赛的桂冠，并在世界锦标赛预赛中取得了参赛资格。1998年世界锦标赛中，中国男排虽然较好地发挥了自己的水平，但因体能、体力和技术上的差距，在前12名中仍没找到自己的位置。1999年亚洲锦标赛上中国男排成功卫冕，但在同年上海举行的亚洲区男排奥运会资格赛中失去了一次绝好的依靠自己实力冲进奥运会的机会。从1984年到2016年的9届奥运会，我国仅有两次因特殊情况取得奥运会参赛资格，第一次是1984年以苏联为首的东欧国家抵制洛杉矶奥运会获得额外参赛资格，第二次是2008年北京奥运会以东道主身份自动取得。

随着男排成绩的下降，女排在20世纪90年代初运动成绩也急转直下，跌入低谷。1988年汉城奥运会，中国女排失去了冠军的宝座。1988—1991年两次世界杯和一次世界锦标赛分别获第2、第3、第2名。1992年奥运会和1994年世界锦标赛仅获第7名和第8名，而且在1994年亚运会上负于韩国而名列第2，此时中国女排的运动成绩又倒退到“冲出亚洲”的起点。

中国男、女排运动成绩下滑的原因，主要在于指导思想跟不上世界排球运动的发展。

首先，对“进攻”和“进攻战术”认识的滞后。20世纪80年代的欧美男排就已普遍运用了跳发球和后排进攻打法，形成了在排球场上的全方位进攻，紧接着欧美女排也开始效仿。但此时中国男、女排的进攻观念仍停留在70年代的认识上，总是在前排二、三点进攻变化上寻求突破，致使进攻战术既无创新也无借鉴，与国际先进水平逐渐加大了距离。

其次，20世纪80年代末国际排坛商业化的趋势日渐明显，职业化趋势日渐成熟，而我国竞技体育的体制仍保持着50年代向苏联、东欧国家学来的旧管理模式。在世界体育职业化和国内市场经济浪潮的冲击下，运动队的管理问题突出地暴露在人们的面前。

最后，伴随着国家的“奥运战略”的出台，各省、市的“全运战略”也应运而生，所有的运动项目均以拿金牌为目的。排球运动是集体项目，拿不到更多的金牌，因此很多省、市都将砍掉排球队作为首选。

1995年国家体委召开了重振排球雄风研讨会，会上总结了失败的教训，找出了问题所在，并且探讨了今后的发展方向，同年重新组建了国家女排，并请郎平回国执教。中国女排在郎平主教练的率领下，严格训练，增强了全队的凝聚力，树立了重新攀登世界高峰的信心。先于1995年获得亚洲锦标赛冠军，并于同年获得世界杯赛的第3名，1996年又获得奥运会排球赛亚军，1998年世界锦标赛再次获得亚军，1999年世界杯获得第4名，2000年奥运会成绩下降至第5名。

4. 重铸辉煌阶段

在经历了2002年世界锦标赛的第4名后，中国女排在2003年世界杯女排比赛上，以11战全胜的佳绩，时隔17年再次夺得世界冠军。2004年雅典奥运会排球赛中，中国女排力克各路劲旅，勇夺阔别20年的奥运冠军。2015年在女排亚锦赛决赛中，中国队以3：0战胜韩国队，时隔4年重回亚洲巅峰，同时也是中国队历史上第13次获得亚锦赛冠军。2016年9月20日，第5届女排亚洲杯在越南永福落下帷幕，中国女排二队在决赛直落三局，以3：0击败哈萨克斯坦成功卫冕冠军，继2008、2010和2014年后荣膺第4冠。2015年在第12届女排世界杯决赛中，中国女排以3：1战胜日本队，第四次将世界杯冠军的奖杯收入囊中。2016年里约奥运会女排赛中，中国女排在小组赛成绩不佳的情况下，先以3：2力克卫冕冠军巴西队挺进4强，接着以3：1战胜荷兰女排打进决赛。在决赛中，中国女排在先失一局的情况下连扳三局，以3：1逆转战胜塞尔维亚女排，时隔12年再次获得奥运冠军，也是第三次获得奥运会金牌。2017年9月9日，在女排大冠军杯第四轮比赛中，提前一轮夺冠，也是时隔16年再夺大冠军杯冠军。2018年9月23日，夺得第六届女排亚洲杯冠军。2018年10月20日，夺得2018年女排世锦赛季军。2019年6月12日，在广东江门举行的2019年世界女排联赛分站赛中，中国女排3：0完胜土耳其队。2019年9月29日，中国女排以3：0完胜阿根廷队，从而以11连胜的完美战绩夺得第十三届女排世界杯冠军。中国女排重夺世界冠军宣告了女排精神的回归，诠释和刷新了“无私奉献、团结协作、艰苦创业、自强不息”的女排精神。在新的历史背景下，女排精神也被郎平所率领的团队赋予了新的含义。在刻苦训练、顽强拼搏的基础上，郎平将国际化、专业化的团队合作形式和科学训练的理念引入中国女排无疑是重回巅峰的关键因素。而坚持“从制度入手，高标准、全方位齐抓共管”的工作思路和“走全面快速多变的道路，技术上更加精细全面，整体配合上更加默契娴熟，快速多变的特点更加突出”的指导思想，发扬敢打硬仗、敢于胜利和团结协作、顽强拼搏的精神以及始终坚持更是取胜的法宝。

与中国女排重回世界巅峰的辉煌相比，面对与世界先进水平之间的差距，中国男排经历了一个较长的痛苦和摸索时期。在2003年世界杯上仅仅获得第10名。2004年奥运会落选赛，负于澳大利亚队而无缘雅典奥运会。2008年中国男排以东道主的身份参加了北京奥运会男子排球比赛，并最终获得第5名，取得了历史性突破。2016年5月，在日本举行的里约奥运会男排落选赛中，中国男排以7战2胜5负积9分的成绩位列第6名而无缘里约奥运会，依旧未能打破32年来从未靠资格赛成绩打进奥运会的魔咒，再次与奥运会失之交臂。本次落选赛前半段中国男排的表现可谓惊艳，表现出一定的技战术能力和素养，进攻拦防打得有板有眼，士气高涨，让人看到了中国男排明显的进步。面对实力相差悬殊的法国队和波兰队，中国男排不再被动挨打处于绝对下风，往往能有令人惊喜的出色表现，为中国男排日后的复兴和发展留下了广阔的空间。

2016年5月，国家体育总局公布的《体育发展“十三五”规划》给出了排球的发展行动计划：进一步推进青少年训练教学大纲的修订与推广应用工作，全面把握专项特点与竞技规律，构建符合现代运动训练发展要求的训练体系，以创新带动训练水平的提高，加强国家队复合型教练员团队建设和基础建设，强化保障机制，取得更多优异的运动成绩。在推动我国排球运动整体水平明显提高的基础上，中国女排保持在亚洲的领先地位和世界先进水平，在2016年里约奥运会和2020年东京奥运会上保持在领先水平行列；中国男排逐步缩小与世界强队的差距，力争获得2020年东京奥运会参赛资格。

中国男排要想冲出亚洲，走向世界，就必须有所改变。不仅是技战术要更加完善和全面，在思想和意识上也应该有一定的提高。要紧跟世界排球排坛发展潮流，要有现代排球意识和先进的排球训练理念，要增加新技术、新打法的研究开发和改革发展思路。中国男排只要踏踏实实地从青少年培养抓起，能形成从地方到国家队的良性循环，学习世界男排训练与管理的先进理念，完全可以达到世界一流水平，能够与世界排球强队相抗衡。

第四节　排球运动的现代属性

一、排球运动的概念

随着开展和参加排球运动赛事的国家和地区数量的逐渐增加，需要一个国际性的管理组织来监督这项运动的进一步发展。1947年国际排球联合会（FIVB）在巴黎成立，共有14个创始国，自此，排球运动开始在全世界范围内蓬勃开展起来。1964年排球运动首次进入东京奥运会，正式成为奥林匹克运动大家庭的一员，其技战术、规则和功能也发生了飞速的变化。时至今日，排球运动在得到快速发展的同时，也确立了现代化的属性，即概念、比赛方法、特点与功能的共性。

排球运动是参与者以身体的任何部位（以手、手臂为主）在空中击球，使球不落地，既可隔网进行集体攻防对抗性的比赛，又可不设球网相互进行击球游戏的一种体育运动项目。排球运动形式多种多样，主要以竞赛规则、比赛形式、参与人数、运动目的来进行分类。一般来说，通过运动训练来提高技战术水平，以获取最佳竞赛成绩为目的，并在国际上有统一竞赛规则的运动形式称为竞技排球，如6人制排球、沙滩排球、残奥会坐式排球等。而主要以健身娱乐为目的，享受运动的乐趣，国际上还没有统一竞赛规则的运动形式称为娱乐排球，如软式排球、气排球、4人制排球、9人制排球、雪地排球、墙排球、地排球等。

二、排球运动的比赛方法

排球运动有多种比赛方法，其基本方法是由两支人数相等的球队在被球网隔开的两块均等的场区内站成两排，根据规则以身体任何部位，将球从网上击入对方场区。比赛开始是由后排右边的队员在发球区内用一只手或手臂将球击过网，以后每方最多击球3次（拦网触球除外）使球过网，不能持球和连击。比赛应不间断地进行，直至球落地、出界或某队犯规。

发球队胜一球后，该队发球的队员继续发球。接发球队胜一球后，场上队员先按顺时针方向轮转一个位置后，再由后排右边的队员发球。排球比赛有五局三胜制、三局二胜制和一局胜负制。国际6人制排球比赛采用五局三胜的每球得分制，前四局每局比分为25分，最后一局决胜局比分为15分，但每局只有在超出对方2分的情况下（比分没有封顶）才为胜一局，胜三局为胜一场。

三、排球运动的特点与功能

（一）排球运动的特点

排球运动是属于技能主导类隔网对抗性的集体项目，与其他球类运动相比，具有其自身特点。

1. 击球技术特点

（1）空中击球且触球时间短促。无论是在排球比赛，还是在排球游戏中运用的各种击球方式，都必须是击空中的球。因此，参加排球运动的人在时间和空间感觉上得到的锻炼和提高是其他球类项目不可比拟的。排球竞赛规则始终不允许“持球”，即不允许在击球部位停留的时间过长。这一特点既能提高运动员在短暂的触球时间内对来球的力量、速度、角度因素的准确判断能力，又能提高运动员把来球准确地击向预定目标的控制能力。

（2）身体任何部位均可击球。目前所有的球类运动都有其规则限定的身体合法触球部位，唯独排球竞赛规则规定运动员全身任何部位均可触球。因此，排球运动能使参加该项运动的人在击球过程中充分体现自我才能和展现各种高超的击球技巧。

2. 战术配合特点

排球比赛双方都可以利用规则允许的3次击球机会，通过精心设计和巧妙配合，在瞬间完成精彩的战术组合和激烈的攻防转换，体现了运动员高度的战术意识、队员之间合作的默契程度和准确程度，具有激烈的对抗性、高度的技巧性和严密的集体性。

3. 竞赛规则的特点

（1）独特的记分方法。在每球得分制的比赛中，发球队胜1球得1分，接发球队胜1球得发球权同时得1分。

（2）攻防技术的双重性和全面性。在比赛过程中，各项排球技术既能得分，又能失分，具有攻防双重性。也就是说，每项技术攻中有防、防中有攻，相互转化、相互制约，这就要求排球运动员必须具有扎实的基本功，熟练和全面地掌握技术。

4. 场地器材设备的特点

排球运动的场地要求比较简单，既可设在室内，又可设在室外。只要有一块空间，在地板上、沙地上、草地上、雪地上，甚至水中都可以进行排球活动。根据运动的目的，可选择多种球（如软式排球、气排球等），比赛规则也易于简化和变通，其形式多种多样。参加人数可多可少，运动负荷能大能小，适合不同年龄、性别、体质和训练程度的人在不同场地上进行活动，因此有广泛的群众性。同时，排球比赛隔网进行，双方斗技，没有身体接触，安全性高，是人们休闲的理想方式。

因此，排球运动具有形式的多样性和广泛的群众性、技术的全面性和高度的技巧性、激烈的对抗性和严密的集体性、休闲的娱乐性和活动开展的便利性等特点。

（二）排球运动的功能

1. 健身功能

排球运动具有竞技与娱乐并存的特点，不同年龄、不同性别、不同技术水平的人都能参与活动或比赛。排球运动随着社会发展持续存在并且长盛不衰，很大原因就在于其所具有的增强体质，促进人们身心健康发展的功能。通过参与排球运动，掌握其基本技能并学会排球运动的健身方法，不仅能提高人体心血管系统和呼吸系统机能水平，促进骨骼和肌肉的生长发育，提高人的力量、速度、弹跳、灵敏、耐力等专项身体素质和运动能力，而且能调适和保持心理健康，培养与锻炼良好的心理素质，达到延年益寿，提高生活质量的目的。

2. 教育功能

（1）传授排球运动的文化知识。通过排球运动向人们传授关于身体健康的知识，使人们了解排球运动的由来和发展、规则与方法、规范的技术要领以及其中的科学道理、健身方法以及欣赏比赛的知识等。培养人们正确的体育观和体育意识，养成终身体育锻炼的习惯，为其今后形成健康的生活方式奠定基础。

（2）培养团结协作、顽强拼搏的优秀品质。排球运动比赛中的球不能落地，而且击球至多3次必须过网的特有规则，使参加排球比赛的人要随时准备弥补同伴判断错误而无法接或因其他原因没有接到位的球，为了发挥本方的进攻力量而不惜奔跑扑救，给下一次击球的人创造便利条件。因此经常参加排球运动，可以培养人们良好的爱国主义精神、体育道德作风、团结协作的集体主义精神，以及顽强拼搏的优秀品质。

（3）培养人的瞬间判断和应变能力。排球运动在某种意义上是一项依靠判断决定行动的运动，尤其是在现代排球比赛中，准确地判断已成为制胜的重要因素之一。判断的基础是眼观六路、耳听八方，通过观察对方和同伴的动作、击球的声音、场上的布局等，预测将要发生的事情而迅速作出决策。排球比赛也是一项靠集体配合取胜的球类竞赛，个人特长的发挥往往是在同伴发挥特长的前提下取得的。因此，运动员在场上要相互协调，并不断观察同伴的意图，才能默契地与之合作。而排球比赛中，既不能让球落地，又不能持球，使参加比赛的人必须具备应变能力，因此经常参加排球运动的人，既锻炼了体魄，愉悦身心，又提高了机敏、应变、协调、配合的能力。

3. 提高国家威望，振奋民族精神

追溯历史，排球运动对国人的精神产生过重大影响。1981年3月20日，中国男子排球队在争夺世界杯排球赛亚洲区预赛的关键一战中，先输两局，后奋起直追，连扳3局，终以3：2战胜韩国队，取得参加世界杯排球赛的资格。比赛结束后，激动的北京大学学子喊出了“团结起来，振兴中华”的口号，一夜

之间，传遍大江南北，极大地鼓舞了刚刚开始改革开放，努力建设“四个现代化”的国人。

20世纪80年代，中国女排在夺得五连冠之后的经验总结凝练出了时代最强音：女排精神。女排精神很好地诠释了“为国争光、无私奉献、团结友好、顽强拼搏”的中华体育精神。女排精神之所以备受推崇，最重要的是因为那种不畏强敌、顽强拼搏、永不言弃的精神，远远比“五连冠”本身更加能鼓舞国人。2003年中国女排重新夺得世界冠军，2004年中国女排在雅典奥运会上，团结拼搏，上演大翻盘，以3：2战胜俄罗斯队，又一次夺得奥运会冠军女排的胜利，给中华民族伟大复兴增添了光彩。

在2016年里约奥运会上，中国女排以荡气回肠的完美逆袭，为祖国赢得一枚弥足珍贵的金牌。中国女排的出色表现，生动诠释了奥林匹克精神和中华体育精神，为祖国争了光，为民族争了气，为奥运增了辉，为人生添了彩，激发了全国人民的爱国热情和全世界中华儿女的民族自豪感，增强了中华民族的凝聚力、向心力、自信心。正如习近平总书记在接见参加里约奥运会中国体育代表团全体成员时指出的，“中国女排不畏强手、英勇顽强，打出了风格、打出了水平，时隔12年再夺奥运金牌，充分展现了女排精神，全国人民都很振奋”。中国女排以高昂的斗志、顽强的作风、精湛的技能和敢于争第一、敢于挑战和超越自我的行动，诠释和刷新了“无私奉献、团结协作、艰苦创业、自强不息”的女排精神，引发了一场触及国人灵魂的精神洗礼，有力地弘扬了中国精神。在国家由大向强发展的关键阶段，我们尤其需要大力弘扬女排精神，凝聚起实现中华民族伟大复兴的磅礴力量。

4. 经济功能

排球运动发展至今天，已经在200多个国家和地区得到了广泛的开展，围绕排球运动已经产生了大量的物质财富和精神财富，包括与排球运动相关的场地器材、各种排球实体等。而这些相关的物质实体生产实际上需要花费大量的人力物力，也伴随着大量的经济活动。随着大众传媒的发展，各国的排球联赛以及国际排球赛事都蕴含着经济活动，吸引了大量的赞助商。排球运动相关产业已经成为体育产业的主要组成部分，室内排球、沙滩排球都为人类发展带来了可观的经济效益。随着社会经济的发展，排球运动本身所蕴含的巨大经济功能与价值越来越被人们所认同。

四、现代排球运动发展趋势

随着世界经济和现代化社会的发展，与社会经济息息相关的体育领域，也在发生着变化，排球运动亦不例外，进入新世纪，现代排球运动呈现出多元化的发展趋势。

（一）排球运动技战术的发展走向

从排球运动120多年的发展历程中可以看出，排球竞赛规则的变化始终是其发展趋势的指挥棒。竞赛规则的变化对排球技战术、运动员的身心条件、训练方法和科学研究都提出了更高的要求。整体上来讲，排球运动的技战术朝着全、高、快、变的方向快速发展。

（1）全。它是指攻防各项技术都必须全面掌握并运用自如，能全方位地攻和守，即能攻能防、能扣能拦、能高能快、能前排能后排等，每个队员都要技术全面并各有特长，能够有效地组合不同的战术，使战术组合更具个性化，发挥整体优势。“全面性”和“立体化”已经成为进攻战术的主体。

（2）高。它是指运动员身材高、弹跳高。扣球时击球点高、过网点高、威力大；拦网时跳得高、滞空时间长、拦阻范围大。“前高位”防守成为防守战术发展的方向。

（3）快。它是指快速地进攻与防守、调整和配合。不仅一攻快，反击也快，不仅副攻快，主攻和接应二传也能参加快攻。防守中的拦网移动、起跳要快，后防移动、倒地等动作也要快，以及整个队的技战术运用随场上的变化而变化要快。

（4）变。它是指排球技战术运用的多变。有大力跳发球和各种变化的飘球等的发球多变，有强攻突破和各种快攻的进攻战术多变，有稳健的后排防守和高大拦网的防守战术的多变等。

（二）排球运动全面职业化的发展走向

1. 国际排球运动的职业化发展

1984年，墨西哥人阿科斯塔当选为国际排联主席，为实现把排球运动发展成世界上最受欢迎的运动项目之一的目标，他领导国际排联对机构本身和排球运动进行了一系列的改革和调整。通过改革赛制、修订规则、配合并利用现代化传播媒介、创办世界男排联赛和女排大奖赛等，将排球运动推向了市场，取得了巨大的社会效益和经济效益。市场经济的主要特点就是一切遵循价值规律，排球运动进入市场就意味着再也不能保持原有的业余性质，而必须向着职业化方向发展。

意大利在国际排联的倡导下率先走上了职业化道路，大力推行排球运动员职业化和俱乐部制度。意大利的各俱乐部都有不同的工商巨头资助，高薪招募世界各国的优秀教练员、运动员为各自的俱乐部效力，由于俱乐部集聚各国的明星选手和优秀教练员，所以意大利的排球运动水平飞速提高。科学的理念和运营机制带来了巨大的成功，意大利排球水平在职业化后显著提高，原先战绩平平、进入前8名都困难的男排甚至获得了4次世界冠军和4次世界亚军。随后，法国、德国、荷兰等西欧国家的排球运动职业化也获得了巨大发展，中国、韩国、日本、美国及拉美国家也都先后建立了各国的排球职业联赛。

排球运动的社会化和商业化在很大程度上要借助电视传播等媒介，传播媒体的介入，促使排球运动商业化趋势日益加强。同时，随着排球运动的竞赛形式越来越多样化，大众化趋势日益明显。国际排联主席阿科斯塔指出：职业化代表着排球界的发展方向，巨额奖金促使比赛更精彩，而紧张激烈的比赛既能吸引广大观众，又能创造出更大的经济效益。为了成功地把排球运动推向市场，国际排联几次修改竞赛规则，把排球运动彻底推向市场。排球运动商业化，带来运动员的高薪，明星运动员就是排球社会化、职业化和商业化的必然产物。

2. 我国排球运动的职业化发展走向

为了适应国际排球改革潮流以及适应市场化、职业化发展的需求，1996年在全国排球工作会议上，确定了以赛制改革为突破口的基本方针，继而带动中国排球赛事全面改革。同年，全国排球甲A联赛实行主客场制，新举措的实施使冷落了多年的排球赛场又重新拥有了观众，运动员在场上又找回了拼搏奋进的感觉，因此各队技、战术水平都有了明显提高。1997年国家排球管理中心的成立意味着排球运动的改革又向前迈进了一步。1998年，中国排球协会先后下发了《中国排球协会俱乐部运动员转会暂行规定》《中国排球协会关于发展排球俱乐部的意见》《中国排球协会关于排球俱乐部管理暂行规定》等文件，提出排球俱乐部的性质为公益性的社会团体，可以是赞助式、体委与企业联办或股份制形式。

为了适应市场，2000年中国排球协会召开全国排球俱乐部研讨会，下发了《2001年步步高无绳电话杯全国女排赛和2001年步步高DVD杯全国男排赛方案（草案）》，全面修改了比赛方法，改变以往排球联赛由组委会大包大揽的做法，明确规定各俱乐部为承办单位，承办权属于各参赛俱乐部，俱乐部承办主场各项组织工作并支付全额比赛费用。这进一步明确了各俱乐部的市场主体地位，促使俱乐部开始开展经营活动，推动排球职业化进程和俱乐部建设。2001年的全面排球联赛出现了少有的火爆球市，许多主场的观众上座率达100%，中央电视台的部分现场直播超过了甲A足球和篮球，表现出强劲的发展势头。2002年，高水平外援引进的出现，说明了我国职业排球运动员的国际流动进入一个新阶段。为了吸引观众，从2001年开始，中国排协采取了一系列积极措施，如创作联赛会歌、会徽，推出形象代言人，进一步规范和统一联赛整体形象等，同时加大改革力度，给各参赛俱乐部更大的自主经营权，拓宽经营范围，实行俱乐部办赛。联赛市场在整体形象、办赛质量、开发意识、管理水平等方面取得了很大进步。目前，全国排球联赛已经形成比较稳定的竞赛市场和相对固定的消费群体，具备了一定规模的球市。

然而，中国排球联赛作为中国最高级别的排球职业联赛，同足球和篮球联赛相比，其职业化进程缓慢一直被舆论批评。中国排球联赛自1996年创立以来已经举办过19届，除了因为第2届我国香港精英集团撕毁协议退出全国排球联赛的推广活动，中国排球联赛经历了“金施尔康”“维达”“步步高”“安踏”和“361°”5个冠名赞助商。两个赞助商安踏和361°在冠名联赛的同时还提供联赛装备。然而，随着这两大体育用品公司的成长，电视直播日渐缩水的全国排球联赛已经无法满足他们在提升人气和增加企业曝光度方面的需求。2015—

2016赛季排球联赛在与原冠名赞助商合同到期之后，未能找到新赞助商，经历了没有冠名赞助商的尴尬。直至2016年7月，经过将近半年的招标谈判，中国排球联赛商务运营伙伴才尘埃落定，体育之窗从2016—2017赛季起将负责联赛的商务运营推广工作，但2016年联赛的主赞助商依然难产。2016—2017赛季启动仪式上，中国排协和运营公司体育之窗对联赛未来发展提出的目标：趁着中国女排重回巅峰的热度，试图打造一个英超之于世界足球、NBA之于国际篮坛地位的世界级排球联赛。事实上，以水平而论，中国的女排联赛绝对能排进世界前三，然而，目前中国排球运动的职业化进程却并不顺畅。

2016年，联赛高调推出了多项改革措施：除了比赛场地普及“鹰眼”裁判挑战系统、LED电子广告屏、试点裁判电子记录系统等硬件举措外，恢复举行全明星赛活动、球员转会制度、奖金体系和商业开发模式等改革最引人关注。新的球员转会制度下，排球联赛将取消一个运动员在一个赛季只能代表一个俱乐部参赛的规定，新赛季设置了三个转会期。另外，新赛季联赛将设立总额不少于1500万元的总奖金，除了针对运动员、教练员及优秀赛区的各种奖励外，还增设最佳外援奖。商业方面，新赛季的排球联赛将不再采用冠名赞助的模式，而是借鉴奥运会合作伙伴的分级系统，分为官方联合创始合作伙伴、官方赞助商和官方供应商三个等级，不同的等级享有不同的商业权益。从赛制变化到球员转会制度改革，再到奖项和商业开发的改进，显示出联赛试图以全新的面目在新赛季亮相，即将开始的排球联赛新赛季充满诸多亮点，也标志着中国排球联赛的职业化改革迈出了第一步。

然而高水平球员的自由转会市场的封闭一直是排球联赛职业化受到制约的关键因素，其症结在于以全运会为核心的金牌与成绩评价体系。国内排球联赛的参赛队伍常年以地方队为班底，球员完全归属于省队，这导致的后果就是优秀选手“有价无市”，直接影响了国内球员的收入。2016—2017中国排球联赛，虽然转会制度有所放宽，但从目前联赛各参赛队的构成来看没有一家是摆脱政府体制的纯职业俱乐部，球员转会市场的核心症结丝毫没被触碰。国内转会的诸多分歧和障碍，也成为里约奥运会MVP得主朱婷远走土耳其联赛的重要因素。2016年5月，朱婷正式转会瓦基弗银行俱乐部，年薪为110万欧元，在世界女子排坛年薪榜单上仅次于韩国名将金延璟。

其实对于联赛本身的品牌来说冠名赞助并不是很好的形式，失去冠名赞助商的排球联赛应该更好地规划未来的商业愿景，效仿CBA和国外成熟排球联赛的运营和市场开发之路。借着中国女排世界杯和里约奥运会夺冠的东风，中国排球迎来了极佳的发展机遇，中国排球联赛也不要再错过这样的职业化改革良机。

（三）高新科技成果在排球运动中全方位运用的发展走向

现代科学技术的迅猛发展，使现代体育运动各方面都发生了巨大的变化，传统的主观性因素逐渐减少，而高新科技含量日益增加。特别是计算机和信息处理技术等高科技成功地运用于排球运动的教学、训练、竞赛和管理中，极大地提高了排球运动的发展水平，成为该项目取得优异运动成绩的保证。

20世纪80年代初，美国女排教练与艾里尔博士合作，采用生物力学和计算机分析系统对各种情报、资料、信息进行处理，然后将结果用于指导美国女排的训练，从而使美国女排一跃进入世界先进行列，开创了排球运动领域的电子时代。

在对排球技术动作分析方面，科研人员研制了计算机技术动作分析系统，运用计算机技术、计算机图像处理技术、计算机数据库软件、图形学和录像技术与运动生物力学分析方法结合起来，用现代科学方法描述运动的过程，把运动特征数量化、规格化，然后精确完整地进行分析和比较。其具体过程是用高速录像系统，首先摄入运动员的排球技术动作，然后将技术动作图像送入计算机图像处理系统，在计算机图形工作站将原始图像、三维生物力学的人体立体动作分析结果和文字说明的混合画面送入录像带，在屏幕上同时显示。教练和运动员可在训练场所设置的现场查询终端，查看运动员的技术动作分析结果。如中国科学院计算机所研制的“数字化三维人体运动计算机仿真系统（CAS软件）”，通过先进的数字视频采集与传播技术，将模拟结果与运动员训练视频进行对比分析，帮助运动员认识到自身技术动作与教练心中“理想”动作的差异，然后从系统中获取正确的模拟动作，使教练在指导运动员的过程中有的放矢。在排球训练比赛技术统计方面，现场通过计算机的统计数据处理，可在短时间内反映出场上每位队员的技术状态和发挥情况，将这些信息及时传达到主教练手中，有助于主教练更好地协调队员和掌控大局。

国际排联从2012年世俱杯开始引进“鹰眼挑战系统”“耳机对讲系统”“电子记录系统”等一系列高科技于裁判员执裁中，此后在世界杯、世锦赛、奥运会等高水平赛事中陆续启用。协助裁判员判断，提高判罚的准确性，使比赛更加公平公正，极大地推动了排球比赛的科技化进程。

计算机多媒体技术在排球技战术教学中已经被广泛运用。CAI课件可实现问与答、分步骤演示、灵活的查询和仿真教学、模拟实验等功能，从而改变以课堂传授为主的传统教学方式，可以动态地模拟排球技战术的时空状态和连续变化过程，提高直观教学效果。目前，计算机网络技术也在排球运动中被广泛运用，极大地促进了排球运动水平的普及、提高与发展。

（四）排球运动的科研成果与实践应用日益紧密结合的发展走向

科研直接为排球教学训练和比赛实践服务，是排球运动科学研究活动的一个显著特点和发展方向，也是促进排球运动科学研究发展的过程。从方法论来看，科研人员越来越多地从文献研究、思辨研究，走向实证研究，再从不同层面上去关注学校、关注课堂、关注运动训练实践，提高研究的实际应用价值。从科研的功用来看，越来越多的排球科研人员不再满足于排球教学训练的一般抽象理论论述，开始更多地追求排球运动研究成果的推广应用，促进排球教学训练的改革与发展。同时，排球运动科研方法和手段的不断丰富和发展也推动了排球运动科研的发展和水平的不断提高。随着相关学科科研成果向排球科研领域的不断渗透和现代科技的应用，排球运动科研的方法和技术将会得到长足的发展。

（五）排球运动的“大排球”观念的发展走向

如今，国际排联已拥有200多个会员，是世界上最大的单项体育协会之一。高水平的竞技排球已在全球范围被广泛关注，但国际排联的目标并不是将排球变成只有少数人“表演”、多数人“观赏”的“一条腿”运动项目，排球运动需要全面地普及和推广。为了更好地在全世界范围内扩大排球运动的影响，国际排联已开始有计划、有目的地开展和推广各种形式的排球运动，如沙滩排球、软式排球、气排球、迷你排球、雪地排球、地排球等。现代排球将朝着竞技排球与娱乐排球并存，高水平职业排球与群众排球共举的“大排球”方向发展。目前，沙滩排球的发展已经具有相当规模，从1996年亚特兰大奥运会成为奥运会正式比赛项目后，不仅拥有自己的管理机构——国际排联沙滩排球委员会，还创办了规范的世界沙滩排球锦标赛和职业巡回赛。

第二章
排球教学与训练的理论基础

第一节　排球教学理论基础

一、排球教学的任务

排球教学的任务是传授排球基本知识、基本理论、基本技术、基本战术及不同形式的排球活动方法，培养学生团结协作、勇于拼搏的团队精神。对体育院校专门学习排球的学生来说，还应培养他们的排球教学能力、组织竞赛能力、裁判工作能力以及自我教育能力和解决实际问题能力等。

二、排球教学的原则

排球教学应遵循教育学教学论中有关的一般原则，如教师主导作用和学生主动性相结合原则、直观性原则、系统性原则、巩固性原则、因材施教原则、循序渐进原则等。“分科教学法分别研究各门学科的教学规律、教学原理……各科教学法要符合各门学科的教学规律”，而教学原则又是教学客观规律性的反映。因此，具体到排球学科，排球教学应有其自身的教学原则。

教学论研究告诉我们，排球教学原则主要用以阐明教师在教学过程中应怎样依据排球教学的客观规律进行教学活动、加速教学进程和提高教学效果。它是教师在排球教学过程中实施教学最优化所必须遵循的基本要求和指导原理。

排球教学原则是在科学分析排球教学过程及相关因素的基础上构建起来的。它有赖于对以运动技能学习为主并与思维活动相结合的认知过程、排球教学目的、排球教学内容、排球教学手段的再认识。基于这样的观点，在教育学教学论有关教学的一般原则的指导下，在排球教学原则构建及运用的过程中，应着重考虑以下六个方面的基本要素。

（一）人性化教学

在教学目标的设计中，必须考虑以学生为主体，促进学生自主发展，培养学生的创造精神和竞争条件下的合作意识，使学生人格、个性得以全面发展。教学对象的主体性是人性化教学原则的核心内容之一。学生的主体性表现在排球教学中应突出学生的积极性、主动性，以及创造良好的人性化排球教学环境。让传统排球教学“让我学”“让我练”的模式转化为“我要学”“我要练”的模式。教学主导的科学性是人性化教学原则的又一个核心内容。教师理解人、友好、负责、有条不紊、富有想象力和亲切热忱的良好情感品质，以及善于根据排球教学的规律，掌握不同年龄、性别学生的生理、心理特征，注重教材的系统性，教法的实用性、游戏性和竞技性，合理安排运动负荷等进行组织教学的工作能力，可使学生产生积极的情感体验，成为教学双边关系中的动力源。

（二）教学过程元素安排的可接受性

教学活动应该依据学生的可接受能力，把握好教学活动的难度分寸。因此，教学目标的制定应符合学生可接受的心理逻辑，遵循学生心理发展历程。也就是说，在教学目标设置时，必须依据目标的难度与动机之间的关系理论，以保持适宜的难度。

教学内容的安排应符合教材的科学逻辑，即教材内容各构成要素应具有科学、合理的逻辑关系。就教学过程的总体而言，应先教授基本技术，后教授技术运用；先教授技术，后教授战术；先进行技、战术术科教学，后进行技术、战术、竞赛规则、教法作业等理论课教学。就单个动作技术来说，排球技术由多个环节构成，各个环节又是由小的技术细节和相应的知识组成，因此，排球技术教学应由最基本的知识与动作环节开始，进而进行完整乃至技术细节的教学。与此同时，根据排球动作技术特点，在学习排球技术时，应从准备姿势开始，依次学习击球手型、击球点和击球用力。

教学手段的运用，应根据人对事物认知规律、运动技能形成规律，遵循由徒手模仿练习到用球练习、由诱导性练习到辅助性练习、由不使用球网到使用球网、由简单条件下的比赛逐步过渡到复杂条件下的竞赛的操作方式方法。

（三）球感发展领先

实践经验告诉我们，对排球运动技、战术来说，判断人或物与自己的距离的能力、知觉人和物的状况与速度的能力（不仅迅速知觉反应的时间，而且迅速知觉本队和对方队员的动向以及各种不同来球的方向和速度）、空间关系视觉化的能力（不仅能知觉球与人，而且能认知其场上位置与人球空间的关系和洞察其变化）、在时间上统一运动协调的能力（迅速连续进行不同的动作时，按照动作方法或串联序列使之融合统一）等具有特殊意义和作用。因此，在排球教学过程中，根据不同的教学阶段，有针对性地运用各种发展球感的诱导性和辅助性练习手段是至关重要的。

（四）教学手段可视化

在排球动作技术教学之初，对运动知觉（如对球的本体感觉），以及对球在空中运行的时空感知等状况的辨别、判断的比重很大，然而在学习的后期这种比重有减少的倾向。同样，对视觉的依赖也是在学习初期比在后期更为重要。在学习的后期，视觉的帮助几乎被肌肉运动的知觉所替代。当然，继续有效地利用视觉帮助，动作技术将完成得更为准确。因此，排球技、战术教学优先运用完整与分解示范、正误对比示范、边讲解边示范，以及运用挂图、图表、照片、幻灯、电影、录像、投影等直观教具和现代化的多媒体教学手段进行教学是必不可少的。

（五）合理运用动作迁移

在排球动作技术教学过程中，通过学习某种动作技能而得到的能力向同等或类似的横向技能迁移的情况可以说比其他球类项目要来得多一些，例如，正面上手发球与正面扣球的挥臂动作。但就排球正面上手发球与正面上手发飘球的挥臂动作而言，它们虽同属排球发球类动作技术，表面上来看动作很相似，但因其挥臂动作技术在本质和内在联系中有着截然不同的区别，所以它们之间的迁移量并不大。可见，技能之间所显示的类似性，并不等于在动觉、运动刺激、运动反应、同一运动反应动作的形式和运动的控制方式等方面的共同性。这就提示我们在排球动作技能的教学过程中，既要注重运用动作正迁移的有利效应，又要防止动作负迁移效应的干扰。

（六）在有效操作下适度增加练习量

练习量对学生学习动作技能起着至关重要的作用。传统观点认为练习量越多，练习者在未来情景中的操作越好。排球教师指导学生学习和改进基本技术的正确性时，采用的方法大多是通过增加触球次数，让学生多做击球练习。运动程序理论与动力模式理论关于练习变异对于动作技能主要作用的研究指出，持续练习相同的动作会导致记忆动作和迁移动作能力的降低。因此，“多练有益”的大量重复练习并不是提高技能操作的最佳选择。练习不能产生完美的动作技能，只有完美的练习才能产生完美的动作技能，亦即练习量只有与其他诸如强调动作方法、注重动作效果、变换操作条件等变量共同作用时，才能产生最佳的技能学习效果。

三、排球教学工作文件

排球教学工作文件是排球课程教学的依据，是排球教学工作赖以进行的重要环节，主要包括教学大纲、教学进度和教案3个部分。

（一）教学大纲

排球教学大纲是体育院校学科专业教学计划的具体表现形式，是按照学科专业教学计划的要求，规定排球课程具体内容、实施排球教学工作的一个法规性文件。它是选编教材、教师实施教学、合理进行考试命题、课程评价、促进课程建设的依据和标准。

1. 教学大纲的基本结构和内容

（1）说明，主要包括课程定义、大纲编写依据、课程的目的任务、课程编号、学时与学分。

（2）教学安排与时数分配，主要包括理论课教学的基本内容（纲目）与时数分配，技术、战术、运动素质教学和训练的基本内容与时数分配。

（3）教学内容与知识点，主要包括理论课教学、技术教学、战术教学、运动素质各章节的具体内容，如理论课教学内容。

（4）考核方法与标准，主要包括考核的形式和成绩计算。

（5）教材与主要参考书目。

2. 编写教学大纲应注意的几个问题

（1）要考虑排球学科自身的特点，注意在实现培养目标的总体前提下使课程教学内容既要紧密衔接，又要防止遗漏、避免重复。

（2）大纲所列的教学内容要有相对稳定的基本知识理论和基本技能，反映出学科的最新成果。能力培养等实践性教学环节应在教学大纲中占有重要的位置。

（3）按照学科的科学体系和教学法的特点建立严谨的课程教学内容顺序。

（4）在所学知识的分量上既符合培养目标的要求，又适合学生的接受能力。

（5）文字清楚、语言精练、格式统一、名词和术语规范准确，使教师能准确把握学生掌握教材程度的含义。

（二）教学进度

排球教学进度是具体落实排球教学大纲中所规定的教学内容、教学时数、考试考核等核心要素的教学工作文件，是教师编写教案的重要依据之一。科学地安排教学进度是保证教学质量的基本途径。

1. 教学进度的基本结构和内容

教学进度一般以卡线表的形式出现，其基本结构和内容如下所示。

（1）表题：进度使用的对象及年、月、日。

（2）表格的纵向结构与内容：一级纲目由理论部分、实践部分、其他3个部分组成；二级纲目由理论教材，技、战术的主要教材及次要教材和介绍教材，其他的具体安排（如教学实习、教学比赛、裁判实习、考试、机动）3个部分组成。

（3）表格的横向结构与内容：一级纲目由周次构成；二级纲目由每周所对应的课次构成。

（4）表体由若干次课及其内容构成。

2. 编写教学进度应注意的几个问题

（1）合理划分教学阶段。

教学阶段的划分是整个教学过程中确定教材教学时数和教材内容在进度中出现时机的基本依据，是保证课程教学质量的基本途径之一。排球普修教学进度一般包括以下5个阶段：①单项基本技术教学及其串联阶段；②单项基本技术运用及其串联阶段；③多项基本技术运用及进攻战术教学阶段；④多项技术运用及防守战术教学阶段；⑤多项技术运用及攻防战术运用提高阶段。由于5个阶段的教学目的任务有所不同，所以各阶段教学时数分配的比重也应有所侧重。一般而言，第一阶段占30%，第二阶段占25%，第三阶段和第四阶段各占20%，第五阶段占5%。

（2）合理安排各阶段教材序列。

合理安排各阶段教材序列是保证课程教学质量的又一个基本途径。其操作要点主要有：①先进行单项基本技术教学；②复杂的单项基本技术一经出现，就必须连续出现，例如垫、传、扣；③随即出现单项基本技术运用，并连续出现；④技术串联，例如发—垫、垫—传等；⑤基本技术分析理论课；⑥出现进攻战术教学；⑦防守战术教学；⑧攻、防战术教学后应为基本战术分析理论课；⑨规则与裁判法理论课；⑩排球技、战术教法理论课；⑪教学比赛，并逐步向完整、复杂的条件过渡；⑫一般教材穿插安排在相应的基本技、战术教材之后；⑬介绍教材安排在课程结束前，以多媒体视频教材的形式进行。

（3）合理安排课时教材序列。

合理安排课时教材序列是保证课程教学质量的另一个重要方面，其操作要点主要有：①每次课的教材最多不超过3个；②新教材每次课最多2个；③战术教材应与匹配的技术教材一起安排；④一般教材应与匹配的主要教材一起安排；⑤教学比赛不以教材形式出现，而以技、战术教材中练习手段的形式出现。

（三）教案

排球教案是根据排球教学进度中特定课次所规定的教材，根据授课的实际情况编写而成的每次课的具体计划。它是教师实施、控制课时教学进程的重要依据之一。科学地编写课时教案是保证教学质量的基本途径之一。

1. 教案的基本结构和内容

教案一般以预先印制的表格形式出现，其基本结构和内容如下所示。

（1）教学任务（或者教学目标）。

（2）教学内容与要求。在这个目录下，又分准备部分、基本部分和结束部分。每部分均有活动的内容及活动时的操作要求。

（3）时间。90分钟课：准备部分20～25分钟；基本部分60～65分钟；结束部分5分钟。

40～45分钟课：准备部分7～10分钟；基本部分30分钟；结束部分3～5分钟。

（4）次数。

（5）组织教法。准备部分、基本部分和结束部分所有活动相对应的练习方法，其中包括教师的活动（讲解、示范、纠正错误）、学生练习队形、操作的方式方法。

（6）课后小结。课时教学任务（或目标）完成状况及其成因，以及下次课所要采取的主要对策。

（7）课外作业。布置本次课实践，或者理论作业；布置下次课实践，或者理论教材的预习内容。

2. 编写教案应注意的几个问题

（1）教学任务（或教学目标）。课时的教学任务应具体。例如，某个技术（战术）教学任务（或目标），必须具体到某个技术（战术）的某一个环节。课次的教学任务须具有递进性，以建立某项技术（战术）的概念，初步掌握、改进、强化、提高和巩固某技术（战术）某环节的序列依次延伸。课时目标制定时，例如技能目标，必须使用诸如“能够模仿”“能够领悟”“能够做到”等行为动词，并使用诸如“至少完成多少次什么动作”“准确判断率达到95%”等的指标予以量化。在一个课次中，教学任务必须有道德品质教学任务，例如培养积极进取的集体主义精神。教学目标必须有情感教育目标，例如培养团队竞争与合作意识。

（2）准备部分。准备部分的主要功能是使学生的注意力迅速集中到课时任务（或目标）及操作的要求上来，进而使学生的身体各器官、系统机能逐步进入兴奋状态，为基本部分做好心理、生理准备。排球课准备活动的形式多种多样，但无论采用何种形式，准备部分的活动内容都必须与课时任务相匹配，即为基本部分服务。体育院系排球课程可在准备部分有目的地安排学生进行教法实习。

（3）基本部分。基本部分是实施课时教学任务（或目标）的主体部分。首先，在教材安排的次序上，新授课教材优先，随后才是复习教材；技术教材在前，战术教材随后，身体练习教材则最后安排。其次，在教学内容一栏里，每项教学内容的下面都需有要求，即操作过程中的详细注意事项。第三，在组织教法一栏里，应图文并茂地说明与每项教学内容相匹配的练习操作方式方法，并与教学内容一栏里相应的教学内容对齐。

（4）结束部分。结束部分的内容主要由使学生身体各器官和系统的兴奋度逐步趋于相对安静状态的整理活动、小结课时任务（或目标）的达成度、布置课外作业和整理场地器材4个部分组成。

四、排球教学课的类型

排球教学课按其内容和教学方式、方法的指向性，可分为实践课、理论课、教法课、讨论课、演示课、比赛课、实习课和考试课等。

实践课是排球教学过程中运用最频繁的授课形式。它是通过讲解、示范、纠正错误和各种练习手段及方式、方法，使学生掌握排球运动基本技能和习得一定教学能力的课程。

理论课是围绕实践课的教学内容，传授排球运动基本理论，使学生了解排球运动发展趋势，基本掌握排球技、战术基本原理、规则与裁判方法的课程。

教法课是传授排球技、战术教学的基本理论与实践知识，使学生基本掌握排球技、战术教学的基本规律，教学手段的选择和方法的运用及课时教学评价等操作方法，是培养学生教学能力的课程。

讨论课是围绕排球教学理论与实践中的有关技、战术原理和教学过程中的重点与难点，通过范例、发现、探究等教学方法，拓展学生的思维空间，深化学生对这些问题的理解，培养学生分析问题和语言表达能力的课程。

演示课是依据教学进度中有关教材的规定，运用可视化教学手段，或者观摩高水平排球运动员的现场实践操作，使学生加深对高难技术和复杂战术直观认识的课程。

比赛课是发展学生综合运用排球技、战术能力，培养学生排球比赛意识，实践排球竞赛组织与编排、规则与裁判方法，交流教学经验，检查教学效果的课程。

实习课是运用频率仅次于实践课的授课形式。它通过“微型课”（准备部分或课程中某一个教学内容实习）的形式，培养学生编写教案，实施讲解、示范和组织教法等能力的课程。

考试课是运用诊断性、形成性、终结性评价的方式、方法，评定学生学业成绩的授课形式。它是获取教学反馈信息以评价课程教学效果，为以后改进教学措施、提高教学质量而提供依据的课程。

五、排球课时教学组织

教学组织受一定的教学思想、特定的学生和场地器材以及教学内容的制约。因此，正确认识组织教学的种类及其优缺点，科学、合理地选择和正确运用组织教学形式，有利于学生运动技能的形成与发展，有利于学生的个性和情感的培养与发展，有利于提高教学的效率。

（一）课时组织教学的基本含义

课时组织教学，是在排球教学过程中为了实现课时教学目标，而确定的教师与学生以及学生与学生之间的组织结构方式。它是将教学内容、教学手段和教学方法等教学要素以一定的教学程序有机联结起来的纽带。课时组织教学具有多维性和多样性的特征。

（二）课时组织教学的种类及其基本特征

技术分组、体能分组、固定分组、临时分组和升降级分组大多属于能力分组范畴。这类分组形式大多属于教师主导型的传统教学组织形式，学生相互之间的联系相对比较松散。

兴趣分组、非正式群体分组和分层次分组属于心理分组范畴。这类分组形式大多属于既注意教师的主导作用，又强调学生的主体作用的现代教学组织形式，学生相互之间的联系相对比较紧密，有利于优化课时教学的人文环境，创设适宜的教学，有利于达成课时教学目标。

（三）两种现代组织教学形式的特点和操作方法

兴趣分组是根据学生相同的兴趣与爱好将其分为一组实施教学的组织教学形式。术科教学实践证明，这种组织教学仅仅适合于选用教材和传统项目的教学。从这个意义上来说，这种组织教学形式不适于排球课程教学。基于这样的认识，这里着重阐述非正式群体分组和分层次分组两种组织教学形式。

1. 非正式群体分组的特点和操作方法

非正式群体分组是将心理、动机和倾向一致，以及观念接近、信念一致、需要类似、情绪相投的学生分为一组，实施教学的组织教学形式。由于非正式群体成员心理相融，相互吸引，他们在练习时更容易产生愉悦的心理体验，形成团体凝聚力，营造团结向上的课堂气氛。因此，在排球教学中，采用非正式群体分组进行教学，不仅可给学生提供更多的交往机会，满足学生寻求友谊的社会需求，为建立和保持良好的人际关系创造了必要条件，而且可为相互合作，提高学习的积极性、主动性和创造性，提高学习的效果，创设良好的心理环境。

2. 分层次分组的特点和操作方法

分层次分组是指依据学生由个体差异而导致的认知能力和掌握能力的实

际情况差异，设计不同层次的教学目标、教学内容和要求，给予不同层次的指导，采用不同层次的检测手段与标准，从而使各层次学生分别在各自起点上选择不同的学习速度和数量、不同的知识与技能等的组织教学形式。其最大的特点是强调措施和目标的对应性，使每个学生都能在原有的基础上得到完善与提高。其操作的基本方式方是：首先，确定排球基础知识、身体素质、技术达标与评定的测试指标；其次，使用标准分计算所测得的每个学生的三大项参数；最后，依据每个学生综合评价的标准分，进行等级排序，从而完成分层次分组。

（四）运用组织教学形式应注意的几个问题

（1）排球教学过程是师生交流互动的过程。在选择和运用组织教学形式时，应营造师生平等、民主、合作的心理氛围，创设多向的师生教学交流情境。

（2）教学场所、设备、器材是师生发生互动的中介和传递教学信息的媒体。因此，合理地组织和充分利用教学中的物质资源是优化课时组织教学形式的一个重要途径。

（3）课时教学组织形式取决于课时的性质和内容。因此，课程性质与内容的多样性，必然使课时组织教学形式多样。

（4）尊重学生的个体差异。在确定课时组织教学形式时，应充分注意到学生在身体条件、兴趣爱好和运动技能等方面所存在的个体差异。

（5）每一种课时的组织教学形式都有其利弊与得失。因此，强调综合运用课时的各种组织教学形式是提高教学效率的一个重要因素。

六、排球课时教学方法

排球课时教学方法是在排球课时教学过程中，教师指导学生时为达到一定的课时教学任务（或目标）所采取的一系列活动方式、途径和手段的总和。

教学方法是联结教师教和学生学的桥梁，是进行教学活动的必要条件，是激发学生学习动机和提高教学效果的途径。它具有传授知识、促进技能技巧形成、指导教学实践、发展教学经验、培养操作能力、影响世界观形成等基本功能。因此，排球教学方法是构成排球教学活动的重要因素之一，在排球教学过程中具有不可或缺的重要作用。

依据现代体育教学论的观点，排球教学方法分为指导法和练习法。

（一）指导法

排球课时教学过程中，学生能否掌握排球基本理论、技术、战术，养成良好的练习习惯，与教师的指导有着密切的关系。在排球课时教学过程中，常用的指导方法有讲解法、示范法、完整法、分解法和预防与纠正错误法。

1. 讲解法

讲解法是教师使用语言向学生传授课时教学任务（或目标）、教学内容、动作名称、动作方法、练习手段及操作形式、练习时间、练习次数、练习要求，以指导学生进行实践操作的方法。

（1）直述讲解。它是使用简明扼要的语言，且多用于对课时任务与内容、简单的技术环节与动作方法、练习形式与要求予以说明的一种讲解方法。

（2）概要讲解。它是使用技术动作、战术方法等要领或要点，提纲挈领地说明操作方式、方法，且多用于较复杂技、战术环节教学的一种讲解方法，例如将扣球的挥臂击球动作归纳为“鞭”。

（3）分段讲解。它是依据技术动作、战术方法的若干环节，按其主次轻重，逐一地予以说明，且多用于较复杂技、战术教学的一种讲解方法，例如扣球技术、拦防战术。

（4）侧重讲解。它是在分段讲解或概要讲解时，为突出重点、难点，且多用于较复杂技、战术教学的一种讲解方法，例如扣球技术中关键的人—球关系保持。

（5）对比讲解。它是运用技、战术相关理论，对某一环节操作时的异同、正误、优劣等予以辨析，且多用于解决较复杂技、战术教学难点的一种讲解方法，例如垫球击球点的空间位置。

运用讲解法应注意的几个问题如下。

第一，明确讲解的目的。针对课时任务（或目标）和练习要求，要讲清重点和难点。在针对练习过程中出现的问题，依据其涉及的范围，选择性地使用个人、小组和集体讲解形式。

第二，讲解的内容既要科学，又要符合学生的实际接受能力。尽可能使用相关学科原理进行讲解，但必须将其转换为实际生活中的实例，以便学生理解与接受。

第三，讲解应少而精。尽可能使用最集中、最概括、最精炼的专业口诀、术语，讲清教材的重点、难点和关键环节，例如扣球两步助跑的节奏“先慢后快”。

第四，讲解要富有启发性。教师的讲解应尽可能联系日常生活中的经验，启发学生结合教材内容，引导学生积极思维，例如利用物体高速运行时突然停止所产生的状况，用以说明在起跳过程中“制动”的动作功效。

2. 示范法

示范法是指教师（或指定的学生）以具体的操作为模型，展示动作技术的结构、要领和过程的教学方法。动作示范具有真实感强、灵活便捷、伸缩性大、针对性强、运用范围广和视觉效果好等特点。

运用示范法应注意的几个问题如下。

第一，示范动作必须按照动作的规格要求进行，力求准确、熟练、轻松、连贯、完美，给学生建立一个生动的动作视觉表象。

第二，明确示范目的，合理选择示范的时间维。在教新教材时，为了使学生建立完整的动作概念，应进行常速的完整示范；为掌握技术的某一动作或动作的某一环节时，则应进行中速、低速甚至静止的示范。例如正面传球的手型与触球部位，可采用静止示范。

第三，明确示范的目的，合理选择示范的空间维。对于不需要固定场地的教学内容，例如准备姿势、移动、垫球，可以在队列中央的正面、侧面选择示范位置；对需要固定场地、器材的教学内容，例如发球、扣球和一般二传，则需要合理安排学生的队形和示范位置。与此同时，对于复杂的技术，例如传球和扣球，还应合理选择示范的方向。

第四，示范与讲解相结合。在学习新教材时，介绍了技术动作的名称、作用之后，应先做一次完整性的动作示范，再讲述动作方法；在复习教材时，应先讲解，后示范，并将关键性环节的讲解与强化性示范同步进行，例如扣球击球臂的动作轨迹、传球的退让性动作。

3. 完整法

完整法是从动作开始到结束，不分部分和段落，完整、连续地进行教学的方法。其优点是不割裂动作环节之间的有机联系，不破坏技术动作结构。其缺点是不易掌握技术动作的关键环节。它多用于技术动作结构相对简单和技术动作内在结构严密而不易分解的教学内容，例如垫球和扣球技术。

运用完整法应注意的几个问题如下。

第一，简化动作要求。在开始进行复杂技术动作的完整教学时，应通过降低动作难度的途径，用简化动作要求的措施达成完整技术教学的目的，例如助跑起跳扣固定球。

第二，先注重技术动作的外形，后强调技术动作的内核。在进行复杂技术动作教学时，应在粗略掌握动作技术的基础部分和动作过程的前提下，逐步突出诸如方向、路线、节奏、发力顺序等动作细节。

第三，尽可能多地运用诱导性练习。以技能形成和迁移规律为基本原理的诱导性练习，具有与所学技术动作的结构相似、肌肉用力顺序趋于一致、练习情景雷同的特征。因此，它对正确掌握动作技术的重点和难点，加速动作技能的形成具有较大的促进作用，例如传实心球、扣击吊球。

4. 分解法

分解法是把完整的技术合理地分成几个部分或几个段落，然后按部分或段落逐次叠加，直至完整掌握技术动作的教学方法。其优点是可以简化动作技术的掌握过程，有利于动作技术重点和难点的学习。其缺点是易于破坏技术动作结构，干扰正确技术动作的形成。

（1）单纯分解。它是一种将技术或战术分成若干个部分，按其先后次序，依次逐一教学，最后将若干个部分全部综合起来的教学方法。此法适用于技术动作或战术结构相对松散而又较分明的教材，例如发球，先教准备姿势，再教抛球，然后教挥臂击球动作，最后将三个部分连接起来。

（2）递进分解。它是一种将技术或战术分成若干个部分，按其先后次序，先教第一部分，再教第二部分，然后将第一、二部分联合起来进行学习，学会后再教第三部分，第三部分学会后，再联合第一、二、三部分进行学习，直至完整地掌握技术或者战术的教学方法。此法适用于技术动作或战术结构相对严密的教材，例如“中一二”进攻战术，先教后排三人接发球站位，再教三人接发球，然后将三人接发球站位和三人接发球结合起来学习，基本掌握以后再教“中一二”进攻阵型，最后将“中一二”进攻阵型与前面的两个部分联合起来练习。

（3）顺进分解。它是一种将技术或战术分成若干个部分，按其先后次序，先教第一部分，学会后再教第二部分，第一、二部分学会后再教第三部分，直至完整地掌握技术或战术的教学方法。此法适用于技术动作或战术结构相对较严密的教材，例如正面扣球，先教助跑起跳，学会后再教原地挥臂击球动作，助跑起跳与原地挥臂击球动作学会后再教助跑起跳扣固定球，助跑起跳扣固定球学会后再教助跑起跳扣抛球，直至完整地掌握正面扣球技术。

（4）逆进分解。它与顺进分解相反，是一种先学最后一部分，依次增加前一个部分直至完整地掌握技术或战术的教学方法。此法适用于技术动作或战术难度相对较大的教材，例如正面扣球可先教空中击球动作。

运用分解法应注意的几个问题如下。

第一，技术动作环节的划分应以不影响动作技术的结构的特征和不破坏各技术动作环节之间的有机联系为前提。

第二，运用分解法的时间不宜过长。为防止分解的动力定型和破坏动作技术完成的连贯性，应适当地与完整法结合起来加以运用。

5. 预防与纠正错误法

预防与纠正错误法是教师为了防止和纠正学生在学习中出现错误动作所采用的教学方法。预防法具有超前性的特点，需要教师能预见学生在操作过程中可能出现的障碍和错误，而纠正错误法则具有实时性的特点，需要教师针对学生在学习过程中所出现的障碍和错误，迅速、及时地采取相应的有效措施予以准确的纠正。

运用预防与纠正错误法应注意的几个问题如下。

第一，钻研教材，总结教学经验，廓清错误成因，把握教材的重点和难点，预设预防措施，及时提供纠正手段。

第二，合理选择与运用诱导性练习，预防旧的动作技能对新学动作技术的干扰，适时采用有效的专门化练习，纠正错误动作。

第三，找准直接关系到动作技术完成与否的关键环节，采取相应限制性练习的纠正措施，及时强化。

（二）练习法

练习法是指依据课时教学任务（或目标）有目的地反复完成某一动作，以达到提高身体素质、习得动作技能的教学方法。在排球教学过程中，学生除了遵循认知规律，通过视觉、听觉感知动作技术的过程、方法和要领之外，更重要的是通过肢体的各种活动形式来进行学习。这一基本特征决定了练习法在整个排球教学过程中的作用与地位。在排球教学过程中，常用的练习方法有重复练习法、变换练习法、循环练习法、游戏法与比赛法，变换练习法和循环练习法多用于运动训练范畴，在此不作阐述。

1. 重复练习法

重复练习法是指在不改变动作结构和运动负荷的相对固定的条件下，根据动作的操作规范进行反复练习的教学方法。其特点是无严格的间歇时间规定。重复练习法有单一重复法、连续重复法和间歇重复法3种。间歇重复法多用于身体训练范畴，在此不作阐述。

（1）单一重复法。它是每练习一次就间歇一下的反复练习方法。其特点是持续时间较短，练习次数较少，练习密度较小，练习强度较低。

（2）连续重复法。它是在连续不断地重复某一个动作的练习过程中无间歇的练习方法。其特点是持续时间较长、练习次数较多、练习密度较大、练习强度较高。

运用重复法应注意的几个问题如下。

第一，在动作技术学习的初始阶段，为了使学生的练习注意力集中于动作方法以及便于教师观察，应多使用动作频率较低、练习难度不大的单一重复法。

第二，在动作技术的改进阶段使用连续重复法时应适当控制连续重复的次数，在间歇时间相对固定的状况下逐步增加连续重复的次数，或在连续重复次数相对固定的状况下逐步缩短间歇时间。

2. 游戏法与比赛法

游戏和比赛有同一属性，即竞争以获得胜利。游戏法是指在排球教学中，运用游戏的内容与方法组织学生进行练习的教学方法，其特点是具有一定的娱乐情景和竞赛因素。比赛法是指在比赛的条件下，学习基本技术、运用基本技术、学习基本战术和发展专项能力的教学方法。

运用游戏法与比赛法应注意的几个问题如下。

第一，无论在课时的准备部分还是基本部分，运用游戏法时，其内容与形式都要服务于课时教学任务（或目标），例如在课时的准备部分应尽可能使用发展球感和熟识球性的游戏。

第二，无论在课时的准备部分还是基本部分，运用游戏法时，其运动负荷都应遵循人体活动的生理学规律，例如在课时的基本部分应尽可能采用跑动中的接力性传、垫练习。

第三，比赛可以在最简单、简单、较简单、复杂、较复杂的条件下和正式比赛的状况下进行，比赛规则可以变通，如传球比赛，在学习传球初始阶段可允许球落地一次再击球。

第四，比赛分组时双方实力应该基本均衡。

第五，比赛过程中执法必须准确、公正、公平。

七、排球教学模式

在现代教学理论的指导下，不少排球教学模式的理论与实践研究取得了具有一定实效性的成果。这些教学模式的研究成果主要是由以行为科学、社会科学和认知学科理论为指导的现代教学理论建构起来的。

（一）以行为科学教学理论为指导的学导式教学模式

1. 学导式教学模式的基本含义

学导式教学是以操作条件反射学习理论（刺激—反应）和程序教学思

想（反馈控制与强化）为理论基础，融合以人为本的现代教育思想（学生主体），遵循运动技、战术的程序性适应原理建构起来的一种教学模式。

2. 学导式教学模式的运作程序

（1）分步子。将所要学习的教材、所要达到的教学目标和练习要求，按照教材的内在逻辑顺序，划分成若干个难度，逐级递增。

（2）依据分步子的段落，编制所分段落及其内在联系的流程图。

（3）按分步子的段落，编写出集排球基本理论、基本技术、战术、理论和技能操作习题评价等于一体的图文并茂的自学教材。

（4）按照教学进度，在课时中将若干个段落一步接一步地呈现给学生，并依次进行操作。

（5）制定每一个段落检测、考核的标准与方法，通过者随即进入下一段落的学习，未通过者则在同伴的帮助下，采用矫正练习继续学习，直至通过为止。

学导式教学模式的课时运作程序如图2–1所示。

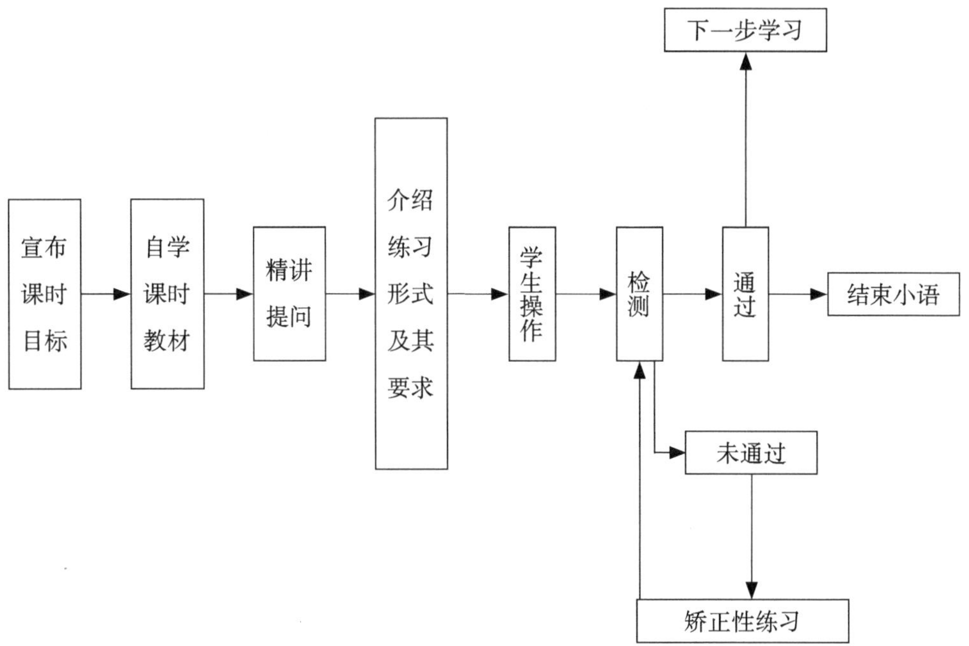

图2–1　学导式教学模式的课时运作程序

（二）以认知学科教学理论为指导的掌握学习教学模式

1. 掌握学习教学模式的基本含义

掌握学习是在学校学习模式的基础上，以绝大部分学生都能达到既定教育目标的理念（即学生的学习能力倾向呈偏态分布的、人人都能学好的信念），运用形成性评价理论构建起来的以教学目标的达成度作为掌握标准的一种教学模式。

2. 掌握学习教学模式的运作程序

（1）运用程序教学教材编制的原理与方法，依据教学大纲和教学阶段的划分理论，将所要学习的教材分解成逻辑单元。

（2）教学目标分析与编制。依据课程目标、教材的逻辑单元和授课对象的具体状况，精选和明确单元与课时教学目标，并使之结构化、层次化，即将目标分解成若干个子目标与符合逻辑关系的层次。教学目标应包括认知、动作技能和情感三个领域，每个领域的目标必须遵循导向性、递进性、难度适度性的基本原则，使用诸如情感领域的“接受”“反应”“价值评价”“组织化”“性格化”的行为动词，描述在教学后学生应表现出的以前所不能达成的行为。

（3）课时组织教学形式。以班级群体教学为主，并辅之以每个学生所需的、频繁的反馈与个别化校正性帮助。

（4）评价。依据单元、课时教学目标，编制教学评价的标准与办法。参照教学评价的标准与办法，运用课时实施前的诊断性评价、教学过程时间序列上多次进行的形成性评价和课程结束时的总结性评价，对单元、课时教学目标的完成度进行及时和有效的评价。

（三）以社会科学教学理论为指导的合作学习教学模式

1. 合作学习教学模式的基本含义

合作学习是以建构主义学习理论、最近发展区理论、社会互赖理论、学生是学习主体的现代教学理论为理论基础，以学习小组为教学基本组织形式，通过教师与学生之间、学生与学生之间的协调活动，运用共同完成学习任务和小组总体表现为主要奖励依据的学习方式和教学策略建构起来的一种教学模式。

2. 合作学习教学模式的运作程序

（1）分组。

①分组规模。小组成员应具有不同背景、特点、个性等特质，以利于集思广益。合作学习小组最多不应超过6人。

②分组形式。小组结构以异质组为好。教师首先对学生情况进行摸底测试，依照学生现有的排球基本理论、技能和身体素质水平，并且充分顾及学生的性格、性别、学习品质等因素，将全班学生先分成四个等级，然后进行随机分配，以确保组内同质、组间异质。只有这样才有可能达到最近发展区的教学效果、促进相互学习和共同参与的合作教学的目的。

（2）组内活动。

①组内成员角色分配。每一个小组成员轮流担任教师的角色。其必须依据课时教学目标，解释和说明课时所需要完成的学习任务；采取检查、倾听、鼓励参与、补充、帮助、给予口头赞扬等措施，促进组内成员在合作的过程中共同学习；提供课时教学目标达成的基本标准；进行课时目标完成状况的总结。

②组内合作学习。以每个学生按照教师呈现的课时学习目标，独立阅读与思考学习材料，并做出完成课时教学目标的预案，然后在组内讨论，共享最终实施方案的形式为最基本的操作形式。当组内出现特困学习成员时，则采用小组加速教学，即在组内使用个别的特殊帮助的学习形式。

（3）学习评价。

在形式上，采取每一次课和每一个教学阶段的形成性评价；在评价方法上，使用个人小组和教师3个方面的书面（使用专门的登记表格录入）评价；在评价标准上，则根据每个小组的目标达成情况和个人进步（包括动作技能学习和合作技能，即对特困学习成员的帮助能力）的发展水平而定；在评价的要求上，必须达到小组能够得出确切答案，并能够使每个成员都理解他们在各自测试中出错的动作环节及原因。

（4）教师控制与介入。

教师需要组织学生分组；进行技术教学单元规划和单元、阶段、课时教学目标的设计；传授合作教学过程中诸如积极对话、交流感情和提出建设性的评价等社会交往技能；阐述每一节课的任务、目标结构、课时目标，提供必要的练习手段；对学生的学习和小组间的合作给予反馈，提供必要的帮助，调控学生的学习交往活动；评价学生的成绩。

第二节　排球训练理论基础

一、排球训练的任务

排球训练的总体任务是改进、巩固、提高与发展运动技能和不断提升运动竞赛成绩。在这一总体任务下，排球训练的基本任务有：发展作为排球训练基础和更快、更好提升运动成绩的多元身体素质；发展保障运动员轻松而又流畅地表现排球动作技能的专项身体素质；发展合理、经济、准确地完成排球技术动作的能力；形成与发展针对未来竞技对手的战术策略模式；改善与提升纪律、毅力、意志力、自信心和勇气的竞技心理能力；发展运动员之间良好的人际互动、亲和力和团队归属感的团队能力；发展运动员健康和伤病预防的认知能力；传授排球技术、战术、竞技心理调适、拟订训练计划等训练理论与方法以及相关的运动营养、能量代谢、疲劳消除等方面的生理学、心理学理论知识。

二、排球训练的基本特征

（一）强调个体、团队全面与整体的竞技能力

排球运动的技术全面性和高度的技巧性以及严密的协同性特征，决定了现代高水平排球竞技中的一个极其重要的制胜因素——不仅需要全面提高运动员个体的身体、技术、战术、意识、心理、临场应变等竞技能力的诸元素，而且更为重要的是需要全面提高全队整体协同作战和处于逆境而后生的竞技力。

（二）训练“时间短，强度大，次数多”

每次课重点解决1～2个训练内容，并在准备活动后迅速进入主项训练的训练组织方法，既有利于运动员在体力充沛和注意力高度集中的状况下竭尽全力去完成训练任务，以提高训练效果，又有利于确保某项技术训练的质量，兼顾全队技、战术的整合，还能突出训练强度、控制负荷的变化节奏，以防止伤病累积。

（三）网上技术训练领先

掌握网上扣、拦的制空权已经成为现代竞技排球的主流打法。因此，突出网上扣、拦技术训练，特别是在掌握先进快攻技、战术的前提下，更加注重强攻、远网扣球和后排扣球的技术训练，再带动后防及其他技术训练的先网上后其他的技术训练理念和方法，已成为高水平排球运动训练的典型特征。

（四）小周期的多周期训练

实行主客场制的竞赛体制以后，赛季的时间长度由原先赛会制的14天延长到了90～120天甚至更长时间，对竞赛期中涉及小周期的多周期训练过程中大和较大负荷课的次数与较小负荷课交替轮换、局部与整体战术针对性、薄弱技术的战略性准备、综合训练运用等的科学性提出了更高的要求。

（五）重视心理训练

运动员的心理素质也已成为竞争日益激烈的竞技排球赛场上一个不可或缺的制胜因素。世界各国强队都把心理调节、控制和恢复技术用于提高运动员对突发事件的心理承受能力，或把针对竞技对手技、战术打法以及在比分相持、落后，客场观众喧哗，裁判员漏判、误判等情况下的模拟训练自觉地纳入日常的训练过程之中。

（六）科学安排运动负荷，注重训练后的恢复

充分考虑生理负荷刺激所造成的心理负荷，合理要求运动员使用动员更大的能量、付出更大的努力的间歇训练法，谨慎使用可能会形成错误动作和导致运动员极度疲劳，出现运动损伤的极限训练法，是近年来在对大运动量训练赋予了“科学化”新理念后，科学安排运动负荷的基本特征。与此同时，使用物理技术和营养药物使运动员在大负荷训练后得以及时恢复的措施已被广泛运用。

三、排球训练原则

训练原则是建立在生物科学、心理科学和教育科学之上的反映训练特征的指导训练的基本准则和规范。正确运用训练原则将有助于设计更加科学的训练计划，选择更加合理的训练内容，运用更加科学的训练手段与方法。基于这样的认识，排球训练原则应在运动训练学有关训练一般原则的指导下，继承和发展排球训练。应该在技术、战术、身体素质心理、作风有机结合的“五结合”原则的基础上，有针对性地运用以下7项排球训练原则。

（一）主动参与原则

教练员只有通过与运动员进行各种沟通，让他们了解排球训练的范畴和目标、独立性和创造性，以及长期从事排球训练过程中应承担的责任、权利和义务，运动员才能主动地接受教练员的指导，并自觉、积极地进行运动技能、体能和心理特质的自我改造与完善，从而义无反顾地与训练过程中的一切困难做不懈的斗争。

（二）多元发展原则

改造身体形态和发展机能能力的多元训练，是排球运动员器官和系统之间、生理和心理过程之间相互作用使然，是排球专项训练和获得高水准竞技成

绩的基础。因此，无论是初级的排球运动员，还是高水平的排球选手，其运动生涯始终贯穿着多元训练。只不过其多元训练的比例随着训练年限的逐步递增，以及排球专项运动能力的提升而逐步递减，但始终维持在一定的水准上。

（三）专项化原则

专项化训练是使排球运动员的身体形态、机能、技术、战术和心理特质适应排球运动项目特殊需求的、具有发展排球运动技能和排球运动员身体素质双重功效的专门训练，是建立在多元发展基础之上的训练形式。排球运动实践证明，只有准确把握排球运动多年训练过程中，运动员适应生理、心理强度刺激的生物学、社会学规律，科学地控制训练负荷变化节奏，才能降低运动员成才年龄，进而缩短优秀选手的培养过程。

（四）实战训练原则

强队之间比赛的实质就是一次高水平的实战训练，它是验证训练成果、发现薄弱环节、积累比赛经验、提高实战能力、增强竞技心理能力、保持较高训练水平和竞技状态的有效训练方法。因此，在小周期的多周期训练过程中，特别是在赛前训练中，要有针对性地科学安排强强对抗和热身赛，以达到“以赛促训”的实战训练目的。

（五）合理负荷原则

竞技能力的提升是运动员在训练过程中完成负荷量、负荷强度的直接结果，其提升的速度直接取决于运动负荷递增的速度和方式。因此，所有等级的运动员首先应遵循的是负荷逐年渐增原则，但又应谨慎地通过调整阶梯高度和阶梯长度的方式、方法，逐步地增加训练负荷。与此同时，因训练周期不同、训练程度不同，而应采用阶梯式负荷（在由小到大地递增负荷之后，安排一个中等负荷阶段）、平台式负荷（在持续大负荷之后，安排一个小负荷阶段）等不同的负荷方式。

（六）有效控制原则

及时调控训练状态的偏离、阻止偏离继续发展，使偏离的训练状态恢复到最佳通道上来，是有效调控原则的本质反映。因此，在宏观控制层面上，必须遵循周期训练的理论与方法，严格地进行持续不间断的系统训练。而在微观层面上，应采用量化的指标，对每次课的技术、战术、身体训练的达成度予以监控、测量与评价，以使训练过程最佳通道波动的振幅降到最小限度。

（七）个别化原则

无论运动员的训练程度如何，教练员都应该按照运动员的生理、心理特点，依据其性别、生物年龄、运动经历、学习特性、专项运动能力和潜质、运动成绩和现时训练状态、大强度负荷后恢复的速率、身体形态和神经类型、机能状态和健康状况等元素，制订相应的训练计划和采取相应的训练内容、手段与方法。

四、排球训练计划

排球训练计划具有方法合理和程序科学的特征。其是教练员有序组织和安排训练的重要工具。因此，它又是使运动员通向高水准训练程度的基本保障。排球运动训练计划由多年训练计划、全年训练计划、阶段训练计划、周训练计划和课堂训练计划相互衔接的5个部分组成。所有的训练计划一般都以表格（含周期划分、阶段划分、负荷曲线图等）的形式出现。

（一）多年训练计划

多年训练计划是训练计划体系中的一个重要环节，它是教练员使用排球运动专项指标和测试标准，以运动员的现时竞技能力为依据，规划个体、团队未来的竞技能力和运动成绩目标，并以此规范为长期（4年）训练过程的客观方法。基于这样的客观分析，在排球多年训练计划中，应包括以下几个基本内容。

（1）测4年和当年的运动成绩；

（2）据国内外排球运动发展态势、国际排联有关规则修改的状况，为每一个训练元素确定目标；

（3）定重大比赛的日期（例如4年一次的大赛和每年1～2次的国内大赛）；

（4）年预期成绩的检测指标与标准；

（5）一个训练元素目标达成的主要步骤和措施，以及检测指标与标准；

（6）4年一次大赛的周期训练划分；

（7）每年1～2次的国内大赛的周期训练划分；

（8）新老队员更替。

（二）全年训练计划

全年训练计划是多年训练计划中，每年1～2次的国内大赛周期训练划分模式的具体化。它是教练员依据当年运动员的竞技能力状况，根据次年的赛程安排而规划训练内容，量化训练内容比重和设定训练负荷变化节奏的下一年的大周期训练计划。排球运动全年训练计划的结构与内容如下。

1. 前言

（1）说明计划使用的持续时间，例如，2008-09-10至2009-08-10。

（2）球员基本资料：性别、年龄、身高、体重、训练年限、运动等级、运动成绩。

2. 回顾分析

为了精确地计划下一年度训练目标和运动成绩，必须运用成绩、测试指标及标准，定量分析前一年训练目标和运动成绩的达成度及成因，即：

（1）技、战术进步状况与体能发展的吻合程度；

（2）技术及其运用的有效率，技术训练时数；

（3）战术运用与本队特性和比赛特征（对手竞技特征）的准确性；

（4）依据运动员日常和参赛行为，评估其个体和团队心理状况。

3. 运动成绩预测

客观对比与分析下一年技术、战术、体能、心理抗衡的量化指标，找出制胜因素，预测竞赛名次。

4. 设定训练目标

训练目标是以去年竞赛成绩、测试标准的达成度和竞技能力的发展速度为基准而设定的。设定训练目标时，应着重考虑训练因素中最为重要的因素，以及制约运动员竞技能力施展的训练因素，例如体能和技术等，并以此设定体能、技术、战术、心理等训练因素的优先。

5. 设定测试指标与预期标准

（1）身体素质测试指标：5级蛙跳；助跑摸高；6米进退移动；仰卧收腹速度；10秒引体向上；羽毛球掷远；12分钟跑。

（2）技术测试指标：一传到位率；防起能攻率；发球成功率（得分、破攻、破战术）；扣死率减扣失率；拦网成功率（拦死、拦回、拦起）。

（3）战术测试指标：攻防战术运用频率；各轮次接发球进攻组成率；各轮次防反组成率各轮次快速反击组成率。

6. 设定周期

周期是由下一年重大比赛的时间和次数所决定的：如只有一次重大比赛，则全年训练计划只有一个周期，即单峰周期；如上半年和下半年各有一次重大比赛，则全年训练计划由两个周期组成，即双峰周期。

（三）阶段训练计划

阶段训练计划是全年训练计划中周期的具体化，由准备期、比赛期和恢复期三个阶段组成。

1. 准备期

准备期是阶段训练计划中时间最长、内容最多的训练阶段。根据不同的训练目的，准备期还应再细分为3个小阶段。

（1）适应阶段。运动员个体和团队训练调节，体能恢复和改进基本技术。时间长度约占准备期时间总量的20%。

（2）提高阶段。全面发展身体素质，发展基本技术运用能力，通过增多触球次数提高练习密度，逐渐增大训练量，控制训练强度。时间长度约占准备期时间总量的40%。

（3）强化阶段。突出专项身体素质，强化个人特长技术和团队攻防能力，通过高难度的有球对抗练习来增大训练强度，并有针对性地组织多次热身赛。时间长度约占准备期时间总量的40%。

2. 比赛期

实行主客场制的竞赛制度以后，赛季的时间变长。多周期的小周期训练，即由若干个竞赛周（小周期）组成的多周期训练，则成为必然。从这个意义上来说，设定竞赛周（小周期）训练计划则是比赛期制订多周期的小周期训练计划的关键部分。其训练因素及方法学如下。

（1）训练内容。解决本队薄弱技、战术环节的针对性训练；以局部和全队战术配合为主，并针对对手具体的技术和战术打法、个人习惯进行模拟训练；保持一定量和强度的力量训练。

（2）训练方法。以综合训练方法为主，使技术、战术、体能、作风、心理训练有机地结合起来。合理而又有目的地运用局部和全队快速、连续攻防的专项技、战术训练手段，不仅可以保持准备期获得的体能训练水平，而且是使体能训练与技、战术训练有机结合的有效训练方法。

（3）训练负荷节奏。赛程决定了竞赛周结构、恢复和减量的安排方法。国内排球联赛一般是每周一赛，其负荷安排的基本规律是：上周六比赛，周日零强度（在旅途中或休息）；周一60%低强度恢复课；周二80%～90%中等强度课；周三90%～100%大强度课；周四和周五为80%低强度的减量课；周六比赛，周而复始。

3. 恢复期

恢复期的主要目标是消除运动员的中枢神经疲劳。为了尽量减少疲劳，恢复期应该对运动员进行特别的心理调适与准备。恢复期的时间长度应视全年训练计划的周期模式而定。若是双峰周期，则恢复期为2～3周。期间的第一周一般采取被动休息。第二周、第三周常采用各种不同于专项训练的练习动作，如爬山登高、水上娱乐等富有趣味性的一般身体活动和一般力量训练，以维持一般体能水准，进行动态休息。

（四）周训练计划

周训练计划是依据阶段训练和训练因素的重要性而形成的。周训练计划的结构由每周训练课的数量和训练课的功能所决定。课次的数量和课次的功能又是由阶段训练计划中特定的训练阶段、训练目标和运动员的训练状态决定的。制订周训练计划时，必须考虑以下8个基本因素：①周训练目标；②周训练课的次数；③每次课的训练时间；④每次课的训练内容、重点及其比重；⑤每次课的训练手段与方法；⑥周训练负荷的变化节奏；⑦每次训练课的量与强度；⑧在准备期中，同质（如训练目标、内容、手段、方法）的周训练计划可以重复2～3次，但是，随着周次的延伸，训练量和训练强度则应递增。周训练计划如表2-1所示。

表2-1　周训练计划

××省女排　　××周训练

年　月　日　　周训练时数：38小时

训练任务、内容和要求	1. 以力量、速度为主，进行全面身体训练 2. 各项基本技术训练 3. 以一攻为主的各项串联技术训练 4. 提高攻防配合能力 5. 加强作风培养和心理训练
训练比重	1. 身体训练40% 2. 技、战术训练60%

（续表）

时间安排	一	二	三	四	五	六	日
早操							
上午训练	1.扣防训练 2.扣球拦网 3.一攻串联	1.防守训练 2.扣拦对抗 3.一攻配合	1.慢跑耐力 2.灵敏协调 3.传球 4.发、垫	1.攻守训练 2.扣拦对抗 3.一攻配合	1.速度 2.力量 3.弹跳 4.发、垫	1.防守训练 2.防、调、扣 3.对攻	身体训练 1.速度 2.力量
时间	3小时	3小时	3小时	3小时	3小时	3小时	3小时
负荷	中	大	中	大	中	中	小
下午训练	1.速度训练 2.力量训练 3.技术训练 4.串联训练	1.轻技术 2.一传 3.二传 4.个别对待	1.防守训练 2.扣拦对抗 3.对攻 4.身体	1.轻技术 2.一传 3.二传 4.个别对待	技术训练 1.拦网 2.一攻 3.防、调、扣	请技术训练 1.一传 2.二传 3.身体训练	
时间	3小时	3小时	3小时	3小时	3小时	3小时	
负荷	中	中	大	中	大	中	
全大训练	6小时	6小时	6小时	6小时	6小时	6小时	2小时
周训小结							

（五）课堂训练计划

课堂训练计划包括以下4部分。

1. 训练课的任务或目标（约5分钟）

训练课的任务（或目标）一般为2～3项，但不超过3项。这些目标必须与周训练计划的目标、运动员的能力相契合。宣布课时训练科目，说明每个科目训练的目标，解释训练科目的重点与难点。

2. 准备部分（约30分钟）

热身活动由一般热身和专项热身两个部分组成。一般热身常由较长时间的低中强度的各种行进间步法练习开始，随即进行各种全身静力性拉伸运动，最后也可安排一些递增速率低于专项的球类游戏。专项热身必须根据训练课时的科目，选用与之相匹配的、能够改进专项运动能力的动作技术练习。

3. 主体部分（约75分钟）

主体部分内容一般有技术动作学习、技术或战术磨炼，发展速度和协调性，发展力量和耐力。每一项训练内容都须有手段、组织形式、要求、数量、时间和强度的说明。

4. 结束部分（约10分钟）

采用低负荷的活动性游戏或慢跑后，进行伸展肌肉的恢复性活动。

五、排球技、战术训练方法

（一）提高基本技术运用能力的训练方法

1. 使用移动练习手段强化基本技术训练

据统计，一场高水平的排球比赛，男、女选手移动的平均距离分别为900米、1000米。其中，3米以内的移动占50%，6米以内的移动占95%。除了发球技术以外，其他基本技术都是在移动过程中完成的。因此，在强调动作方法规格化的前提下，采用变换练习条件（变换来球的性能，变换移动距离、速度和方向，变换连接技术）和变换运动负荷（变换间歇方式，变换练习人数，变换组数和次数，变换完成指标的质与量）的变换练习法，对二传、攻手、接发球、接扣球、拦网队员进行不同步法的移动训练，不仅可以改进、提高、巩固、强化基本技术运用过程中人—球保持的时空能力，而且能够有效提高训练的密度、强度和难度。

2. 使用技术串联的练习手段强化基本技术训练

在排球比赛的一个回合中，基本技术是以发、垫、传、扣、拦的顺序出现的。而在多回合的对抗中，往往又是以拦、垫、传、扣的顺序出现。因此，依据比赛过程中基本技术运用的基本规律，将各项技术按实战的需要，在教练员的掌握与控制下进行“技术串联”训练，不仅有利于提高单个基本技术运用的规格化程度，有利于发展基本技术的运用意识，而且有利于增大基本技术训练的密度、强度和难度。此法特别适用于准备期训练中对技术操作模式的调整和对比赛技术动作的改造。一般而言，在准备期的前期，多采用以磨炼基本技术为目的的两项基本技术的串联训练，而在准备期的后期，为了逐步适应战术训练的需要，则多采用3项或3项以上的基本技术的串联训练。

3. 在对抗条件下强化基本技术训练

技术对抗是排球运动竞技的一个基本特征。从这个意义上来说，排球基本技术只有在对抗中进行训练才能真正解决其在实战过程中运用效率的问题。因此，在基本技术训练时依据训练目标、训练内容、训练条件，合理选择对抗训练的对立面（教练员、陪打员、老队员），进行攻击性强于防御性的基本技术对抗训练，不仅可以大幅提高防御技术的运用能力，而且可以加大基本技术训练的密度、强度和难度。此法多用于准备期中发展基本技术运用能力的提高阶段。

4. 在竞赛条件下强化基本技术训练

竞赛具有强烈的挑战性。在基本技术训练过程中纳入竞赛的元素，不仅有利于激发运动员训练的积极性，而且有利于提高训练的效果，更有利于有效地培养与发展运动员对竞赛心理的承受和调节能力。竞赛的形式可以在2～3人或2～4人组成的小组间进行，也可以在主力与替补之间展开。竞赛的内容可以是单项技术成功率，也可以是单位时间内单项技术或者技术串联完成的速度和质量。竞赛的条件可以是简单条件下完成技术的质量，也可以是在对抗中完成技术的质量，还可以在正式比赛中通过额定指标的完成数量来进行。无论何种类型的比赛，均需设定“施加心理压力的要素”，例如误判、错判、反判等最容易导致运动员产生心理障碍的运动情景。

5. 在强对抗的条件下强化基本技术串联训练

技术串联的练习手段虽然是个强化基本技术及其运用能力的有效的训练方法，但是在强对抗的条件下进行基本技术串联训练，则对基本技术的运用能力提出了更高的要求。因此，使用接发球条件下的扣拦对抗、调整传球条件下的扣拦对抗、发球条件下的攻防对抗练习手段，不仅对网上争夺的基本技术及其运用能力的改进、提高与巩固起到的积极的强化作用，而且带动了攻防链中各保障环节（相关的基本技术）运用能力的提高与发展。此法多用于比赛期中解决本队薄弱技术环节的针对性训练。

（二）提高战术训练质量的训练方法

战术训练是阶段训练中准备期里强化阶段和比赛期内的主要任务之一。其训练效率与质量直接关系到比赛的成绩。其训练方法主要有以下3种。

1. 强化攻防链的环节训练

非球比赛，从战术的角度上说，有接发球及其进攻系统，接扣球及其进攻系统，接拦回球及其进攻系统，以及接垫、传球及其进攻系统四个战术系统。无论哪种战术系统，都有相应的战术环节，例如接扣球及其进攻系统中的扣—拦、拦—防、防—调、调—扣等一系列战术环节。克服攻防链上的某一个薄弱环节，就能提高某个战术系统的运作效率和总体战术系统（四攻系统）的作战能力。在进行攻防链的环节训练时，应注意：①应以本队的战术打法为依据，以贯彻本队战术意图为准绳，以强调战术运用意识为宗旨；②应分清主次轻重，抓住重点环节，狠抓薄弱环节，选择具有针对性的技术串联练习手段，采用重复训练法、变换训练法和比赛训练法进行长期训练。

2. 强化轮次配合训练

从战术组成的角度上看，排球比赛的战术过程是由攻防回合加以体现的，而特定的攻防回合又是由特定的攻防轮次加以完成的。因此，攻防轮次就成为攻防回合的最基本的战术单位。从这个意义上说，强化轮次配合训练无疑是提高球队战斗力的一个基本途径。轮次配合训练具有强烈的针对性，它主要是为了解决：①发挥本队某种配合的特长；②克服制约全队总体战斗力水准的薄弱轮次；③学习、巩固与提高某个轮次全新的攻防打法的套路。轮次配合强化训练应视特定的状况选择不同水准的对立面，以控制训练的难度和接近实战的程度。

3. 成队对抗训练

成队对抗训练是赛前训练的重要内容，是最常用、最接近实战并能有效提高队伍整体攻和防反能力的综合训练。依据成队对抗训练的特定时效需求，这种训练必须在模拟实战情景的条件下进行。从这个意义上说，在进行成队对抗训练时，采用模拟竞赛压力心境的训练手段，则更加符合赛前训练的需求。因此，应把握运动员最容易产生心理障碍的特征——害怕自己失误，而及时、正确地对其施加心理压力。例如，规定主力阵容达到25分时，替补方不得超过20分；在关键局和关键分时，替补方扣死一球得2分，主力方拦死一球得0.5分；替补方发球破攻得2分，主力方发球失误扣2分等。此外，为了达成网上扣、拦强对抗的训练意图，可以聘请陪打予以强化技术是战术实施的制约因素，或者说战术是技术的函数。因此，无论采用何种提高战术训练质量的训练方法，在训练过程中，均应注重技术训练的因素，即在战术训练中既要练技术，又要提高技术运用的意识。

第三章
高校排球基本技术训练

第一节　准备姿势和移动

一、教学与训练难点

准备姿势的目的是迅速起动、快速移动接近球，为此必须根据预先判断做出各种准备姿势。对初学者来说判断十分重要，也是教学训练的难点。移动教学训练的难点在于起动快慢，关键是准备姿势和起动的衔接。

二、教学训练顺序

准备姿势和移动是排球运动中各项技术的基础。在学习各种基本技术之前，首先要学习准备姿势和移动。

（1）在准备姿势教学中，一般应首先学习稍蹲准备姿势，然后学习半蹲和低蹲准备姿势。学习准备姿势要与学习传球、垫球技术的徒手动作练习结合进行。

（2）在移动教学中，首先学习并步、滑步、跨步、交叉步，然后学习跑步和综合步。移动步法的练习，必须与准备姿势和制动的练习紧密结合同步进行。

（3）准备姿势和移动的练习，大多安排在课的准备部分，结合发展反应、灵敏、速度、协调等身体素质进行练习。

三、教学训练步骤

（一）讲解与示范

（1）讲解。首先讲解准备姿势与移动在排球比赛中的重要作用，再讲解动作要领，常出现的错误动作及运用时机，讲解动作顺序应自下而上，即从脚和膝部讲起，然后讲解躯干、上体、手臂和头部的姿势。

（2）示范。准备姿势的示范方法，既要做正面示范，也要做侧面示范；做移动示范时，向前后移动做侧面示范，向左右移动做镜面示范。准备姿势和移动也可以边讲解边示范，学生边听边模仿做徒手动作。

（二）组织练习的顺序

原地徒手模仿练习—徒手移动模仿练习—结合球的各种练习。

四、练习方法

（一）准备姿势的练习方法

（1）成两列横队，在教师指导下做各种准备姿势。

（2）两人一组，一人做准备姿势，另一人纠正其错误动作。两人交换进行。

（3）原地跑步，在跑的过程中根据教师的手势、口令、哨音或其他信号做不同的准备姿势。

（二）移动的练习方法

1. 徒手练习

（1）成半蹲准备姿势，根据教师口令和手势做各种步法和方向的移动。

（2）两人一组相对站立，一人跟随另一人做同方向的移动。

（3）以滑步和交叉步进行3米往返移动，手触及两侧线。

（4）从端线起，以教师规定的步法进6米，退3米，如此连续往返行进到场地的另一端。

2. 结合球的练习

（1）两人一组，相距6米，各持一球，两人同时把球滚向对方体侧3米左右处，移动接住球后再滚给对方，如此反复进行。

（2）两人一组，一人持球向不同方向空中抛出2～3米，另一人移动对准球，用双手在额前接住球。

（3）成纵队立于网前，依次接教师抛向场地不同方向及不同弧度的球。

（4）结合其他技术的练习，结合准备姿势练习；结合传、垫、扣等技术的练习。

五、准备姿势和移动常犯错误与纠正方法

（一）准备姿势

常犯错误：臀部后坐，全脚掌着地。

纠正方法：①讲清要领。反复示范；②重心靠前的道理；两膝投影线超过脚尖。

常犯错误：两膝僵直，重心太高。

纠正方法：①练习中两脚保持微动；②多做低重心屈膝姿势的移动练习。

（二）移动

常犯错误：缺乏判断，移动慢。

纠正方法：①结合视觉信号多做起动练习；②多做短距离的各种抛接球练习。

常犯错误：身体重心起伏过大。

纠正方法：①强调移动后要保持好准备姿势；②多做网下的往返移动练习。

六、教学训练中应注意的问题

（1）提高对准备姿势和移动技术重要性的认识。发扬不怕苦、不怕累的精神，同时多结合短距离跑动或游戏的形式进行练习，以激发学生的学习兴趣。还要经常强调保持正确的准备姿势，促使学生养成良好的习惯。

（2）多做视觉信号反应练习，培养视觉的观察判断能力。同时要把准备姿势、反应起动和各种移动步法及制动技术结合起来进行练习。

（3）练习方法要多样化，避免枯燥。如采用对抗、竞赛、游戏等练习方式来激发学生的学习兴趣。多结合球和场地练习，增强学生对各种不同来球的判断反应移动能力。

（4）加强腿部、腰腹力量的练习，特别要加强髋关节和脚步灵活性的练习。如多做短距离2～3米的折返跑、变速跑和变向跑等练习。

第二节　发球技术

一、教学与训练难点

以正面上手发球为例。正面上手发球技术动作结构一般可分为抛球、击球、用力3个环节。其中抛球是击球的先决条件，如抛球动作、位置、高度合适，则击球点和击球手法易稳定。从完成发球技术动作结构和发球效果看，抛球和击球是正面上手发球的教学训练难点。

二、教学训练顺序

发球技术种类较多，技术动作难易程度差别较大，所以教学时应根据学生的性别、年龄及身体素质等情况来确定教学的先后顺序。一般情况下，通常先教下手发球，后教正面上手发球，最后教飘球和大力发球等。

三、教学训练步骤

（1）讲解。发球在比赛中的地位与作用；发球的动作方法；抛球、击球、手法3要素。

（2）示范。先做完整的发球动作示范，然后边讲边做分解动作的示范，再做完整动作的示范。

（3）组织练习。徒手练习，结合球练习，结合球网练习，结合战术练习。

（4）纠正错误动作。

四、练习方法

（一）徒手练习

（1）徒手抛球练习。

（2）徒手模仿发球，包括抛球、引臂、挥臂、击球等完整的连续动作。

（3）对固定目标做挥臂击球练习。

（二）组合球练习

（1）自抛练习，抛球高度和位置应符合发球动作的要求。

（2）结合抛球进行引臂和挥臂练习，解决抛球引臂与挥臂击球动作的配合。

（3）近距离的对墙发球练习，将抛球、挥臂、击球、用力等环节有机地衔接起来。

（4）两人一组相距9米左右发球。

（三）结合球网练习

（1）近距离的隔网发球练习。

（2）站在端线向内区发球。

（3）站在端线左、中、右3个不同的位置向对区发球。
（4）站在端线远、中、近不同距离发球。

（四）结合战术练习

（1）把场地分成若干个区域，向指定区域内发球。
（2）向接发球站位的空当发球。
（3）向场边、角处发球。

（五）巩固和提高发球技术的练习

结合以上各种练习进行。

五、发球技术常犯错误与纠正方法

（一）下手发球

常犯错误：①准备姿势太高；②抛球太高太近；③抛球与摆臂击球不协调；④挥臂方向不正、击球不准。

纠正错误：①讲清概念，练习前做好准备姿势；②直臂抛球距身体一臂远，反复练习抛球动作；③反复结全抛球做摆臂练习；④击固定球或对墙发球练习。

（二）上手发球

常犯错误：①抛球偏前、偏后；②挥臂未呈弧形；③手未包满球，无推压动作；④用不上全身协调力量。

纠正方法：①讲清抛球方法，固定目标抛球练习；②反复徒手做弧形挥臂或扣树叶练习；③对墙轻扣球，体会手包球推压动作，使球前旋；④掷小网球或用杠铃片或对墙平扣。

（三）上手飘球

常犯错误：①抛球时高时低；②挥臂不呈直线；③击球不准，力量没通过球重心；④抛球与挥臂动作脱节。

纠正方法：①多做固定目标的抛球练习；②做直线挥臂，或对墙击固定球练习；③用掌根硬部击固定球或击固定目标练习；④随教师口令节奏进行抛球挥臂练习。

（四）跳发球

常犯错误：①抛球与助跑起跳脱节；②起跳空中手与球保持不好；③全手未打满球；④腰腹力量用不上。

纠正方法：①多练抛球，助跑与起跳的配合；②跳起空中击吊球练习；③多扣抛向进攻线以后的球；④对墙连续扣反弹球或多扣远网球练习。

六、教学训练中应注意的问题

（1）发球技术教学应遵循由易到难，循序渐进的原则，在教学顺序安排上通常是先教下手发球，再教上手发球，最后教飘球、勾手大力发球及其他发球技术。

（2）教学中要抓住抛球动作与摆臂击球动作的协调配合，因为抛球是前提，击球是关键和难点。抓住抛球和击球这两个环节，强调抛球要平稳，挥臂动作迅速协调，击球准确。

（3）在发飘球教学中，教师应简单讲解球产生飘晃的原因和在动作上与发旋转球的区别，让学生能主动思考发飘球的动作方法，体会击球用力方向，手法和击球的部位。

（4）在发球教学中，教师要合理安排教学与练习的时间，每次课应保持一定时间的发球练习。一般可安排在两个大运动负荷练习之间或安排在课的后段进行。

（5）在发球教学中，由于发球练习的形式比较单调，教师要不断变化练习的方法，提出具体要求，并将发球与接发球结合起来进行练习。

第三节　垫球技术

一、教学与训练难点

垫球在比赛中主要用来接发球和接扣球。根据比赛的需要，垫球技术可分为接发球垫球、接扣球垫球、接拦回球垫球和垫击二传球等。垫球技术种类尽管繁多，但是在教学的开始阶段仍然要以抓好正面垫球为重点，其教学训练难点是击球，即击球点和击球部位。

二、教学训练顺序

垫球技术种类多，运用广，因此在教学中要根据学生具体情况和动作的结构难度，先易后难地安排教学。一般教学顺序是先学习原地正面双手垫球，再学习移动垫球和改变方向的垫球。在此基础上再学习体侧垫球、跨步垫球、背向垫球、单手垫球和挡球，最后学习低姿垫球、侧倒垫球、滚翻垫球、前扑垫球、鱼跃垫球、脚背垫球以及其他部位的垫球技术。

在初步掌握正面垫球技术的基础上，可进行传、垫结合与串联的练习。再掌握移动垫球后，可进行接发球和接扣球的练习。

三、教学训练步骤

（一）正面垫球的教学步骤

（1）讲解。垫球在比赛中的应用范围与作用；正面双手垫球的动作方法及要领。

（2）示范。先做完整的垫球示范，建立正确的技术概念；然后做徒手或分解示范；边示范边讲解，再做正面和侧面的完整示范。

（3）组织练习。徒手练习，结合球练习，结合其他技术的练习。

（4）纠正错误动作。

（二）接发球的教学步骤

（1）讲解。接发球在比赛中的地位与作用；接不同性能发球时的站位与动作要求；接发球站位阵形，各位置分工与配合及轮换方法；接发球站位的有关规则。

（2）示范。接发球教学常识挂板和真实场地演示，或者把两种方法结合起来演示5人接发球的位置与阵形。

（3）组织练习。一般性技术练习，专位练习，串联练习。

（三）接扣球的教学步骤

（1）讲解。接扣球在比赛中的重要性；接扣球的判断、准备姿势、移动及接不同扣球的动作方法；如何控制球的力量。

（2）示范。采用侧面示范的方法，使学生重点看击球前准备姿势、击球时的手臂及身体动作。

（3）组织练习。一般性练习，专位练习，串联练习。

四、练习方法

（一）正面垫球练习

1. 徒手模仿练习

（1）原地徒手模仿完整的垫球动作。

（2）随教师信号做多种移动步法后的徒手模仿垫球。

2. 垫击固定球的练习

（1）一人持球固定在小腹前高度，另一人从准备姿势开始，做垫击球模仿动作。

（2）将球置于垫球者手臂垫击处并轻轻地扶住，垫球者做垫球模仿练习。

3. 垫击抛来的球

（1）两人一组，相距4～5米，一抛一垫；或一人向另一人两侧1.5米处抛球，使其移动垫球。

（2）三人一组，两人抛球，另一人垫球，抛垫相距4～5米；抛球两人侧向相距3米左右，径直向前抛球，另一人左右移动将球垫回。

4. 对垫

（1）两人一组，相距4～5米连续对垫。

（2）两人一组，一人固定，一人移动。固定者把球垫向另一个人两侧1.5米左右的地方，另一人移动将球垫回。

5. 各种垫球混合练习

结合以上各种练习进行。

（二）结合接发球的垫球练习

（1）两人一组相距7～8米，先一掷一垫练习，再过渡到一人下手发球或上手发球，一人接发球。要求接至假设的二传位置上。

（2）两人一组，相距9米，一发一垫，或3人一组，一发二人轮流接发球。要求开始发球要稳，然后逐步拉长发球的距离，增加发球的难度。

（3）3人隔网或不隔网，一发一垫一传练习。要求发球准，接发球者积极移动取位把球垫到传球队员的位置上，传球队员再将球传给发球人。

（三）结合接扣球、吊球的垫球练习

（1）两人一组，一扣一防练习。要求接扣球者做好防守准备姿势，开始练时扣球要稳，随着防守者逐步适应，可逐步增大扣球的难度。

（2）3人一组，一扣一防一传练习。要求扣球队员扣、吊结合，防守队员相互配合，互相呼应，互相保护。

（3）轮流连续接扣球练习。由教师在网前扣球或在高台上隔网扣球。要求接扣球者在5、6、1号位连续接扣球练习。

五、垫球技术常犯错误与纠正方法

（一）正面垫球

常犯错误：①屈肘、两臂不平，击球部位不对；②移动慢、对不正球；③没有蹬伸、抬臂动作，垫球时挺腹；④两臂用力不当，摆动幅度过大，动作不协调，用力过猛。

纠正方法：①模仿练习，垫固定球，自垫发力练习；②移动抢救球，两臂夹球移动垫；③多做徒手动作，在其练习时教师用手控制其腰腹；④垫固定球，体会用力和协调发力，或近距离垫抛来的低球和连续自垫低球。

（二）前扑垫球

常犯错误：①身体弯曲，击球无力。怕摔心理和击球时不会短促用力；②跃不出去，原地前倒。

纠正方法：①在垫子上做垫击吊球，体会前扑时身体甚至和短促用力地击球动作；②鼓励，加强保护帮助，多做徒手前扑。

（三）单手垫球

常犯错误：①垫球手法不正确；②伸臂过早，击球用不上力。

纠正方法：①对墙垫或自抛自垫以击向某个目标；②击教师抛的轻球，把球打高，加大摆幅，体会及时用力协作。

（四）挡球

常犯错误：①挡球时手腕后仰不够，控制能力差；②球向前平飞。

纠正方法：①自抛自挡练习或一抛一挡；②多做挡较大力量的来球，多做徒手动作，注意准备姿势要充分，蹬地和手腕的用力方向和大小要协调。

六、教学训练中应注意的问题

（1）垫球教学应先在简单条件下进行练习，如原地徒手练习以及击固定球的练习，原地垫击一般弧度和落地比较固定的轻球，再进行移动垫球练习。在学生垫球动作基本正确，能初步控制垫球的方向和落点后，再逐步加大练习的难度。

（2）发球、接发球是两个相联系的对立面，因此在教学与练习中应使两者紧密结合，互相促进，不断提高。接发球又是组织进攻的基础，应抓住控制球能力这个重点和难点反复练习，以提高手臂对球的控制能力。

（3）在接扣球技术教学中，应强调做好防守的判断，准备姿势，加强起动和移动步法的练习。要教会学生观察和判断来球的方法，提高起动速度和移动取位的能力，防止只重视手法不重视步法的倾向。

（4）随着垫球技术的不断熟练，要尽量结合攻防战术进行练习。如在防守练习中，垫球与拦网、保护、调整传球和反攻扣球等技术串联起来进行练习，这样既能提高技术的运用能力，又能培养战术意识和同伴间的默契配合。

第四节　传球技术

一、教学与训练难点

以正面传球为例。正面传球动作是由准备姿势、迎球、击球、手形、用力5个动作部分组成。在这些动作中，最主要的也是较难掌握的是触球时的手形。因为触球时手形正确与否直接影响手控制球的能力和传球的准确性。初学者只有掌握了正确手形才能保证正确的击球点和较好的运用手指、手腕的弹力。

二、教学训练顺序

传球技术动作方法较多，动作细腻，在教学安排中应作为主要内容，重点学习和掌握。其传球的教学顺序是，先教一般正面双手传球，然后依次教移动传球，转方向传球，背传球，跳传球，调整传球，传快球和平拉开传球等。教学时先学习原地传球，再学习顺网二传和移动中的传球，最后学习各种战术传球。

三、教学训练步骤

（1）讲解。传球在比赛中的地位与作用；正面传球的动作方法和要领；其他传球的特点；各种传球方法的运用时机以及动作方法和要领。

（2）示范。先做完整动作的示范，建立正确的动作概念；然后做分解动作的示范，手型和用力要分开讲解与示范；再做完整动作示范。

（3）组织练习。徒手练习；结合球练习。

（4）纠正错误动作。

四、练习方法

（一）徒手模仿练习

（1）成两列队，随教师口令做徒手传球。

（2）自然站立，做传球正确手型，反复做传球时手指、手腕的模仿动作。

（3）两人一组，一人做徒手传球练习，另一人纠正错误动作。

（二）原地传球练习

（1）每人一球，自己向额前上方抛球：做好传球手形在击球点位置将下落的球接住，然后自我检查手形。

（2）原地自传练习：要求把球传向头上正上方，传球高度离手1～5米。连续传30次为一组。

（3）对墙自传球练习：要求距离墙50厘米左右连续对墙自传球，体会正确的手形和手指、手腕用力的肌肉感觉。

（三）移动传球练习

（1）每人一球行进间自传球练习：要求传球手形正确，移动迅速，保持正面传球。

（2）每人一球向左、右、前、后移动传球练习：要求自传一次高球，再传一次低球，提高控制球的能力。

（3）两人一组，一抛一传球练习：要求抛者向左、右、前、后抛球，传球者根据来球快速移动传球。

（四）背传球练习

（1）每人一球，自抛背传球练习。要求将球抛到头上，两手腕后仰，掌心向上，依靠蹬地，展体，抬臂，伸肘动作把球传向后上方。

（2）3人一组，背传球练习。3人各相距3米左右，两边人抛球或传球，中间人背传球。要求同上。

（3）3人网前换位背传球练习。3号位背传后到2号位，2号位接背传球，传给6号位后，立即移动到3号位去背传。

（五）调整传球练习

（1）两人一组相距6米在网前，用调整传球动作传高弧度球练习。要求利用蹬腿，伸臂动作传球。

（2）移动调整传球练习。4号位队员传球至5号位，5号位队员传球到6号位，1号位队员移动至6号位将球调整到4号位。要求依次循环练习。

（六）跳传球练习

（1）每人一球，对墙连续跳传球练习。要求掌握好起跳时机，在空中保持好身体平衡，靠快速伸臂动作将球传出。

（2）两人一组，连续面对跳传球练习。要求同上。

五、传球技术常犯错误与纠正方法

（一）正面传球

常犯错误：击球点过高、过低。

纠正方法：①做各种步法移动后接传球，保持在脸前接住球，提高判断、选位能力；②传固定球，体会正确的击球点；③自传或对墙传球练习。

常犯错误：手形不正确，大拇指朝前，手形不是半球状，手指触球部位不准确。

纠正方法：①进一步示范、讲解；②用传球动作接球，体会手形；③近距离的对墙轻传，体会手指触球。

常犯错误：手指、手腕弹击力差，有拍打动作。

纠正方法：①做手指、手腕的力量练习；②用足球、篮球做传球练习，增加指腕力量；③多做平传球练习、远传练习。

（二）移动传球

常犯错误：取位不及时，对不准来球，人与球关系不合适。

纠正方法：①结合移动步法接球；②学会上体移动重心，上体能前后左右倾斜的传球；③多做平传练习，保持正面击球。

（三）背传

常犯错误：击球点不正确，过前或过后。

纠正方法：①强调击球点宁前勿后，保持正面传球的击球点；②做自抛向后传球；③做弧度高低结合的自传球练习。

常犯错误：用力不协调，不会后仰、展胸、翻腕、大拇指上挑。

纠正方法：①移动对准球，保持在头上的击球点；②背传时强调蹬腿、展胸、抬臂、翻腕上挑动作；③在击球点较低的情况下练习背传。

（四）跳传

常犯错误：选择起跳点不准确，人与球关系保持不好。

纠正方法：①多做原地起跳和移动起跳练习；②提高判断能力，选择合适的起跳点；③传不同距离和弧度的来球，保持良好的人与球关系。

六、教学训练中应注意的问题

（1）传球采用完整教学法，首先建立传球技术动作的完整概念。教学时，应先着重于手形、击球点和用力地准确与协调练习，然后逐步过渡到手指、手腕的弹击和控制球的能力练习上。

（2）在教学中尽量采用触球次数多的练习，并在初学阶段就结合近距离移动的传球，以利于形成正确的击球点和手形，为学生进一步学习难度较大的传球打下良好的基础。

（3）教学时自始至终要强调正确手形、正确的击球点和协调用力3个环节。同时要注意指出典型易犯的错误动作，以便学生在学习过程中进行正、误对比。

（4）从心理方面讲，初学者一般怕戳手，怕弧度高、力量大和速度快的来球。因此，要从解决手形入手，从易到难，循序渐进。多传近距离、低弧度和速度慢的球，避免学生手指局部负担过重，减轻心理压力。

第五节　扣球技术

一、教学与训练难点

以正面扣球为例。正面扣球是扣球中的一种最基本方法。在正面扣球的几个动作环节中，选择好起跳点及起跳时机，保持好人与球的关系是扣好球的基础，挥臂击球是完成扣球动作的关键环节。抓好起跳及击球这两个正面扣球的教学难点对学生学习正面扣球至关重要。

二、教学训练顺序

扣球技术动作结构复杂，教学难度大，需要抓住两个关键环节，即挥臂击球动作和助跑起跳的节奏。扣球技术的教学顺序是：4号位扣一般高球，2号位扣一般高球，2号位扣一般弧度球，3号位扣快球。教快球时，首先教近体快球、短平快球，然后安排扣其他球技术的教学。

三、教学训练步骤

（1）讲解。扣球在比赛中的重要地位；正面扣球的动作方法和要领。

（2）示范。正面扣球技术应先做完整示范，形成扣球的完整动作概念，再做分解示范，以明确每一部分的动作细节。教学时应采用先分解再完整的教学方法，分解教学的目的是掌握正面扣球的助跑起跳和挥臂击球动作，完整动作的教学是解决各技术环节的衔接，使整个动作更具连贯性和节奏性。

（3）组织练习。分解的挥臂击球与助跑起跳练习；扣定点球练习；扣一般弧度球练习；与其他技术串联练习；扣各种快球练习。

（4）纠正错误动作。

四、练习方法

（一）挥臂击球和助跑起跳练习

（1）集体徒手挥臂练习。

（2）学生呈横队散开，按照教师的口令做原地起跳、一步助跑起跳、两步助跑起跳，可以轻微腾空，注意动作协调性。

（3）网前助跑起跳练习。学生呈横队列于进攻线后，听口令一起做两步助跑起跳。

（4）两人一组，一人手持球高举做固定球，另一人扣该固定球。

（5）面对墙站立，手持一垒球，做正面扣球挥臂动作，将球甩出。

（6）自抛自扣。原地对墙自抛自扣或自抛跳起扣球。

（7）距墙3～4米，连续对墙扣反弹球。

（8）两人一组，相距7～9米，相互自抛自扣。

（二）扣定点球

（1）将两头系有橡皮筋的球固定在适当高度，学生助跑起跳扣该固定球。

（2）教师站在网前高台上，一手托球于网上沿，学生助跑起跳扣固定球。

（三）扣抛球

（1）扣球者在4号位助跑起跳，把由3号位抛来的球在高点轻拍过网。

（2）扣球者在4号位助跑起跳，扣顺网抛来的球。

（四）扣一般弧度球

扣球者在4号位（或2号位）将球传到3号位，3号位将球顺网传到4号位（或2号位），扣球者上步扣球。

（五）与其他技术的串联练习

4号位（或2号位）队员防扣一次后，立即扣一般弧度球。

4号位（或2号位）队员防吊（或拦网）一次，立即扣一般弧度球一次。

接发球后，立刻移动至4号位（3号位、2号位）扣球。

（六）扣各种快球

学生在各位置传球给二传队员，然后扣其传出的近体快、背快、短平快、背短平快、背平快、平拉开、半快球、调整快、后排快和单脚快等。

五、扣球技术常犯错误与纠正方法

（一）正面扣球

常犯错误：助跑起跳前冲，击球点保持不好。

纠正方法：①进一步讲解，并多做助跑起跳练习；②做限制性练习，如设置障碍物起跳，地上划出起跳点与落点；③扣固定球，接垫球，一步起跳扣球。

常犯错误：上步时间早，起跳早。

纠正方法：①以口令、信号限制起动起跳时间；②固定二传弧度练习扣球。

常犯错误：击球手法不正确，手未包满，击出的球不旋转。

纠正方法：①击固定球，对墙平扣、打旋转；②低网原地扣球练习；③练习手腕推压、鞭甩动作。

（二）调整扣球

常犯错误：撤位慢，助跑不外绕，影响选择起跳点。

纠正方法：①多做快速撤位，快速上步的助跑起跳练习；②多做防守后再外绕助跑起跳扣球。

常犯错误：人球关系保持不好，手控制球能力差。

纠正方法：①做自抛自扣高球练习，保持好人与球的关系；②提高手腕推压技术，对墙、隔网扣平球练习。

（三）近体快球

常犯错误：助跑节奏不佳，步法紊乱，踏跳点不合适。

纠正方法：①进一步讲解快球助跑的时机、特点；②要多做并熟练各种助跑起跳动作。常犯错误：起跳点太近，造成碰网或过中线。

纠正方法：①助跑起跳扣近网的固定球；②按扣快球助跑节奏掷小皮球；③助跑起跳扣抛球。

常犯错误：手臂、手腕鞭甩动作不正确。

纠正方法：①原地对墙扣球；②低网练习挥臂甩腕抽击。

六、教学训练中应注意的问题

（1）扣球技术是学生最感兴趣的技术，学生的积极性都比较高，但学生的注意力往往会集中在扣球效果上，而忽视对正确扣球技术动作的掌握，在教学中应注意引导学生掌握正确的扣球技术动作，为其他扣球技术的学习打好基础。

（2）扣球教学中，应重点抓好助跑起跳和正确的击球手法练习，解决好人与球的位置关系。初学者应加强分解动作练习，并适时地与完整动作练习相结合。对于扣球技术的重要环节，必须进行反复、系统地强化练习。

（3）在教学课中，扣球教材的安排，尤其是上网扣球，最好安排在传、垫球技术练习之后。因为在扣球练习时学生的积极性高，如安排在课的前段对其他技术的学习有一定影响。

（4）初学者上网扣球时。应由教师或技术水平较好的学生担任二传，以便使初学者掌握助跑起跳的时间和起跳点，尽快正确掌握扣球技术。

（5）为了教学方便，对扣球教学练习的总体要求要先徒手扣，后用球扣；先抛扣，后传扣；先轻扣，后重扣；先中远网，后近网；先扣高球，后扣快球。

第六节　拦网技术

一、教学与训练难点

拦网技术动作由准备姿势、移动、起跳、空中击球和落地5个部分组成。要拦住不同的扣球，在拦网移动之前必须判断对方扣球位置。要根据二传手传球的一些特点及扣球人的起跳点来选择拦网起跳点，要根据对方扣球人的击球动作来判断拦网的起跳时间及伸臂时间。整个拦网技术动作全过程，自始至终都贯穿着判断。

起跳时间是否适时是关系到能否及时起跳拦住对方扣球的关键。选择合适的起跳时间，不仅要根据自己的弹跳高度，还要对二传高度、距离、弧度、速度及扣球动作幅度大小，挥臂快慢做出判断。因此，正确地把握起跳时间和起跳点是拦网教学训练的难点。

二、教学训练顺序

拦网技术教学，应在学生初步掌握正确扣球技术之后进行。其教学顺序应是：先教单人拦网，然后教双人和三人的集体拦网。拦网教学的重点是教单人拦网。

拦网教学应采用分解与完整相结合的教法，先学习拦网的手形和伸臂动作，再学习原地起跳和移动起跳的拦网动作，最后掌握完整的拦网技术。拦网移动步法应先学习并步法，再学习交叉步和跑步。

三、教学训练步骤

（1）讲解。拦网在比赛中的地位与作用；单人拦网的动作方法、动作要领，拦网的判断与时机，集体拦网的配合。

（2）示范。采用完整示范是让学生建立完整的拦网技术概念。正面示范是让学生观察拦网手形、手臂间距及起跳动作；侧面示范是让学生观察拦网的身体完整动作以及手臂与网的距离；背面示范是让学生观察拦网的判断，移动、起跳时机及网上封堵的区域和线路等。

（3）组织练习。徒手练习，结合球练习，集体拦网练习，与其技术串联练习。

（4）纠正错误动作。

四、教学训练方法

（一）徒手练习

原地做拦网的徒手动作练习。

（1）网前原地起跳或以不同步法移动，做拦网徒手练习。

（2）由3号位向2或4号位移动做拦网徒手练习。

（二）结合球练习

（1）两人一组，一人站在高台上持球，另一人跳起拦固定球。

（2）低网扣拦练习。两人一组，原地一扣一拦。

（3）原地起跳拦高台球。

（4）在2号、4号和3号位拦对方扣球。

（5）在2号、3号位间和3号、4号位间连续移动拦网。

（三）集体拦网练习

（1）对方4号、2号位队员扣球，本方3号位队员向2号、4号位移动，与2号、4号位队员共同组成集体拦网。

（2）对方3号位扣球，本方2号、4号位队员向3号位移动，与3号位队员共同组成三人集体拦网。

（四）与其他技术串联练习

（1）在4号或2号位扣球后，立即跳起拦网。

（2）拦网后，立即把教师抛来的球传或垫至2号位。

（3）拦网后，立即救教师抛来模拟被拦回的球。

（4）拦网后，立即后撤，再上步扣球。

（5）拦网后，立即扣教师抛来的“探头球”。

五、拦网技术常犯错误与纠正方法

（一）单人拦网

常犯错误：起跳过早或过晚。

纠正方法：①教师给予起跳信号，反复练习起跳时机；②深蹲慢跳或浅蹲快跳。

常犯错误：拦网时两臂有向前扑打的动作。

纠正方法：①正误动作对比示范；②在网边反复做原地提肩压腕动作；③低网一扣一拦练习，强调收腹动作。

常犯错误：闭眼拦网或两手臂之间距离过大造成漏球。

纠正方法：①拦网时眼盯球，养成观察球的良好习惯；②示范两臂夹紧头部的动作或多做拦固定球的练习；③网前徒手移动起跳伸臂后不急于收臂，等落地时检查。

（二）双人拦网

常犯错误：互相踩脚或两人在空中相互碰撞。

纠正方法：①多练最后一步的制动动作；②多练两人移动后并拦的起跳配合。

六、教学训练中应注意的问题

（1）在拦网的教学中，应以学习单人拦网技术为主，双人与集体的拦网战术为辅。当学生初步掌握了拦网技术后，应该增多结合扣球和防守反击的练习，使拦网、保护、防守及反攻扣球等技术互相串联和衔接。

（2）在教学中，必须抓好拦网的移动、起跳、伸臂、手形、拦击动作等环节的教学。在改进和提高阶段则应重视判断能力，突然起跳的能力，空中身体转动、倾斜的控制能力，拦网手法等基本功的练习。这样才能提高拦网的实战效果。

（3）拦网教学不能安排过早或过于集中。过早安排拦网学习，不符合排球技术教学的规律，过于集中学习拦网，不利于提高拦网的能力，甚至会影响学生练习的积极性。所以拦网教学应安排在正面扣球和垫球防守以及简单的进攻战术之后进行，每节课单一地练习拦网的时间也不宜过长。

（4）在拦网教学中，要逐渐提高难度，一般要先学单人拦网，后学双人配合拦网，其次学拦固定路线的扣球，再学拦变化路线的扣球；先学拦近网扣球，再学拦远网扣球和各种快攻扣球，同时要强调拦网后的落地动作，以避免运动损伤。

第四章
高校排球基本战术训练

第一节　个人战术

个人战术是指在集体战术配合的基础上，队员根据个人特点和战术需要，巧妙地运用个人技术的变化，以达到有效进攻和防守的目的。

一、发球个人战术

发球个人战术具有相对的独立性和自主性。运用发球个人战术的目的是破坏对方的一传，为本方得分或反击创造有利条件。根据临场情况，针对不同对手的接发球适应能力，采用不同的战术是很有必要的。

（一）发球前应注意的问题

（1）应根据个人发球的技术水平、战术意识及心理状态。
（2）应根据临场双方比分的增长情况。
（3）应观察了解对方接发球的弱点。
（4）应了解对方对不同性能发球的适应程度。
（5）应看清对方接发球站位阵形、轮次特点及可能运用的进攻战术。
（6）在室外比赛，要利用自然条件，如阳光、风向等对接发球的影响。

（二）发球个人战术

1. 拼发球战术

采用大力发球、跳发球、重飘球等攻击性发球，力争得分或破坏对方的进攻战术，这是有实力的队经常采用的发球战术。

2. 找点发球战术

将球发到对方接发球力量薄弱的区域。据观察统计，将球发到对方后场两个角上效果最好，其次是对方场地的腰部、前区，特别是二传队员的背后。

3. 找人发球战术

找对方接发球差、信心不足，或新换上场的队员作为攻击目标，或者将球准确地发到两人站位的结合部，造成争抢或互让。

4. 变化发球战术

可利用发球性能及力量变化、发球队员站位变化（发球区左右两边或中间、远近）、发球线路变化、发球长短变化来造成对方的不适应。

5. 提高成功率战术

要注意提高发球的成功率，尽量减少失误，特别是在决胜局采用每球得分制，发球失误即失分，甚至直接导致比赛的失败。另外，比赛中连续的发球失误极易影响全队的士气和信心。

（三）发球个人战术运用

1. 不同性能的发球

（1）攻击性发球。在保证准确的基础上，尽可能地发出速度快、力量大、旋转强、弧度平的攻击性发球，如跳发球等。

（2）飘球。利用发球位置的不同，有意识、有目的地发出轻、重、平冲、下沉等各种性能不同的飘球。

（3）相似动作发出不同性能的球。利用发球动作的相似性，以相似动作发出不同性能的球。如以近似勾飘的动作，击球时突用蹬地、转腰、收腹的力量，以全掌击球，发出勾手大力球。

2. 控制落点的发球

（1）找薄弱区域的发球。将球发到对方前区、后区、两个队员之间的连接区、三角地带等场区空当，给对方接发球造成困难。

（2）找人发球。发给一传差、连续失误、情绪急躁或刚换上场的队员；也可以发给快攻队员或二传队员，给对方的战术进攻带来不便。

3. 变化节奏的发球

（1）快节奏发球。比赛中，打破常规，突然加快发球的节奏，使对方猝不及防，造成失误。

（2）慢节奏发球。比赛中，有意识地放慢发球的节奏，如发高吊球，利用球体下落时速度的变化，使对方接发球不适应。

4. 变化线路的发球

（1）长、短线结合的发球。根据对方队员的站位情况，时而发长线球，时而发短线球，以调动对方，掌握主动。

（2）直、斜线结合的发球。充分利用9米宽的发球区，采取“站直发斜”或“站斜发直”的发球方法，突袭对方。

5. 根据临场比赛的变化采取不同的发球

如本方得分困难，落后较多，或遇到对方强轮等情况，可采取先发制人的攻击性发球。

在本方发球连续失误或比赛的关键时刻，或在对方暂停、换人后以及对方正处于进攻弱轮次，本方拦网连连得分时，应注意发球的准确性，减少失误，抓住得分的时机。

二、一传个人战术

一传个人战术的基本任务是在第一次接对方来球时，为了组成本队的进攻战术而采用有目的、有意识的击球动作。由于各种进攻战术对一传的要求不同，所以一传的方向、弧度、速度、落点也不一样。

（一）接发球前应注意的问题

（1）熟悉本方的进攻阵形、进攻打法和二传队员的基本位置，确定一传的方向、弧度、速度和节奏。

（2）了解对方的发球特点，确定接发球取位以及和同伴协同配合。

（3）树立信心，仔细观察，充分准备。

（二）一传个人战术

（1）初学者应将一传球垫或传到二传队员的头上方，弧度稍高，便于做二传。

（2）采用强攻为主的战术打法时，一传弧度宜高，以便二传队员移动到位或其他队员调整传球。

（3）采用快攻战术打法时，一传弧度要较平，速度稍快。

（4）采用两次球战术打法时，一传弧度要高，落点靠近网口，便于二次进攻。

（三）一传个人战术运用

（1）组织快攻战术时，如本方快攻队员来得及进行快攻，一传的弧度要低平，速度稍快，以加快进攻的节奏。如果来不及（防守后的快速反击）快攻，则应提高一传的弧度。

（2）组织强攻战术时，一传的弧度要略高些，为二传队员创造便利条件。

（3）前排队员一传时，力量不宜太大，弧度应稍高。如果来球力量不大，可用上手传球。后排队员则相反。

（4）当对方第三次传垫球过网时，一传可用上手传球，以便更准确地组织快速反击或传给网前队员进行二次攻球。

（5）如发现对方场区有较大的空当或对方队员无准备时，一传可直接用传、垫、挡等动作把球击向对方。

三、二传个人战术

二传个人战术的基本任务是利用空间、时间和动作上的变化，有效地组织进攻战术，给扣球队员创造有利条件，使对方难以组织防御。

（一）传球前应注意的问题

（1）二传队员或其他队员在传球前应充分了解本方队员的位置、每个队员的特点及该轮次的各种战术打法。

（2）了解对方拦网特点。

（3）观察发球和接发球一传状况，及时移动到位，同时要熟知本方队员的跑动路线和进攻准备状况。

（二）二传个人战术分类

（1）根据本方队员的特点和布局情况进行合理的分球，如采用集中与拉开，近网、中网和远网，弧度高与弧度低等传球技术。

（2）根据对方拦网的部署，与进攻队员在时间上和位置上进行协调配合，合理选择拦网的突破口，形成以多打少的局面。

（3）根据本方扣球队员的不同起跳时间，采用升点、降点传球给以配合；采用声东击西的隐蔽动作和假动作，打乱对方的拦网布局。

（4）根据本队一传的情况，如到位球或不到位球、高球或低球、近网球或远网球等，合理运用传球技术组织各种战术。

（5）根据对方防守队员的站位，在有利于自己的情况下，突然将球直接传入对方空当。

（三）二传个人战术运用

（1）隐蔽传球。二传队员尽可能地以相似动作传出不同方向的球，使对方难以判断传球的方向。

（2）晃传和两次球。二传队员先以扣两次球吸引对方拦网队员后，突然改扣为传，也可先以传球动作麻痹对方，突然改传为扣。

（3）时间差跳传。二传队员在跳传时，改变常规传球的时间，采用延缓传球的方法，在人和球下落的过程中将球传给快攻队员，以造成对方拦网队员的时间误判。

（4）高点二传。二传队员尽可能在跳起的最高点直臂传球，以提高击球点，加快进攻速度。

（5）选择突破点。根据对方拦网的部署，在传球时尽可能避开拦网强的区域，选择薄弱区域作为突破口，在局部地区造成以多打少、以强攻弱的优势。

（6）控制比赛节奏。在对方失误较多或场上出现混乱时，可加快比赛节奏，以快攻为主。当本方失误较多或场上队员发挥失常时，可适当放慢比赛节奏，以达到稳定情绪、调整战略战术的目的。

四、扣球个人战术

扣球是进攻和反攻成败的主要体现，是一个队实力的综合反映。现代排球中快球要快，强攻要强，重扣轻打相结合应是扣球的指导思想。

（一）扣球前应注意的问题

（1）扣球前应明确本队的进攻打法和应变措施，应观察一传和二传的情况确定跑动路线、上步时间和起跳地点，主动和同伴配合，并根据二传情况随机应变。

（2）了解对方该轮次拦网、防守特点，以及拦网队员集结和后排防守布局情况。

（3）助跑起跳过程中和起跳后要观察拦网队员的动作、手型及场上防守队员的位置变化，寻找攻击线路和攻击点。

（二）扣球个人战术

1. 扣球线路的变化

（1）扣球时采用直线和斜线相结合，长线与短线相结合的方式。

（2）利用助跑路线与扣球路线方向的不同，迷惑对方拦网和防守队员，如直线助跑扣斜线球、斜线助跑扣直线球等。

（3）向防守技术差和意志不顽强的队员扣球，或扣向对方空当和防守薄弱区域等。

2. 扣球动作的变化

（1）运用转体、转腕的扣球技术，突然改变扣球方向以避开对方拦网。

（2）运用超手高点扣球技术，从拦网人手上方进行突破进攻。

（3）选用正面扣球变为勾手扣球动作，造成对方拦网判断失误。

（4）利用突然性的两次进攻，造成空网或一对一进攻的有利局面。

（5）高点平打，造成球触拦网人手后飞向后场远区或有意向两侧打手出界。

（6）突然用单脚起跳扣球，使对方来不及拦网。

（7）有意识地提早或延迟扣球时间，使对方难以掌握拦网的起跳时间。

（8）运用轻扣或吊球技术，使球随拦网队员一同下落，增加拦网队员自我保护球的难度或使球落在对方网前或拦网队员的身后。

（9）利用“时间差”“位置差”“空间差”个人扣球动作变化，晃开对方拦网。

3. 扣球时避开拦网队员的手

（1）运用扣球路线的变化，如扣直线、斜线和小斜线等。

（2）运用近网与远网的变化，使对方拦网者不易判断过网点与时机。

（3）扣吊结合。

（4）熟练运用扣球动作，提早或延迟击球时间。

（5）利用两次球战术使对方不能组成双人拦网。

4. 扣球时利用拦网队员的手，造成对方失误

（1）打手出界。

（2）轻扣球触及拦网队员的手，造成球随拦网队员一同下落。

（3）平打，造成对方拦网触手后落入后区或出界。

（4）运用吊球，使球落在对方网前。

5. 根据临场情况采取扣球战术

（1）根据对方拦网队员的身高和技术情况，避强打弱。如对方二传队员身材矮、弹跳差，就可以从这个二传队员拦网的区域进行突破。

（2）找人找点扣球，如将球扣向较差的队员或对方站位的空当。

（三）扣球个人战术运用

（1）路线变化。扣球时运用转体、转腕灵活地扣出直线、斜线、小斜线等，避开对方的拦网。

（2）轻重变化。扣球时重扣强行突破与轻扣打点有机结合。

（3）超手和打手。充分利用弹跳力，采取超手扣球技术，从拦网队员手的上面突破；还可以利用平扣、侧旋扣球、推打等手法，造成拦网队员被打手出界。

（4）打吊结合。在对方严密的拦网下，先佯做大力扣杀，突然由扣变吊，将球吊入对方空当。

（5）左、右手扣球。利用异侧手辅助进攻，形成左右开弓式的扣球，以增加击球面和隐蔽性，提高应变能力。

五、拦网个人战术

拦网个人战术是通过准确的起跳时机、空中的拦网高度和拦击面、手型动作的变化等因素来实现的攻击行动。

（一）拦网前应注意的问题

（1）要观察对方一传、二传和进攻队员的跑动情况，判断对方的进攻打法和主要攻击点。

（2）了解对方二传队员特点、快攻节奏和强攻队员特点，从而采取相应的拦网措施。

（3）注意和同伴配合拦网，以及和后排队员分工，确定主拦线路。

（二）拦网个人战术

（1）拦网队员可采用拦直线起跳向侧伸臂拦斜线，或在拦斜线位置起跳拦直线的方法来迷惑对方扣球队员。

（2）改变空中拦网手的位置。如在空中拦直线时突然移动手臂改为拦斜线等。

（3）有时可制造假象，使对方受骗。如假装露出中路空当，引诱对方扣中路，当对方扣球时即突然关门拦中路球。

（4）在发现对方要打手出界时，可在空中及时将手撤回，造成对方扣球出界。

（三）拦网个人战术运用

（1）假动作。拦网队员可灵活地运用站直拦斜、站斜拦直、正拦侧堵及佯装拦强攻、实为拦快攻等假动作迷惑对方，提高拦网效果。

（2）变换手型。拦网队员起跳后，根据进攻队员的动作改变，拦网手型随机应变，以达到拦击对方的目的。

（3）撤手。在发现对方要打手出界或平扣球时，可在空中及时将手撤回，造成对方扣球出界。

（4）“踮跳”拦网。身高和弹跳较好的队员为了更好地拦击对方快速多变的战术，采用踮跳拦第一点的快攻球，再迅速起跳拦第二点的进攻。

（5）前伸拦网与直臂拦网。在拦击对方中、近网扣球时，手臂尽可能地前伸接近球，封堵进攻线路。在对方远网扣球时，尽可能地直臂拦击，以增加拦网面。

（6）单脚起跳拦网。利用单脚起跳快、空中飞行距离长的优势，以弥补双脚起跳来不及的拦网。但要控制好空中飞拦的距离，避免冲撞本方队员。

六、个人实用防守战术

防守个人战术的任务是队员在防守时，选择最有利的位置，并采用合理的接球动作，按战术要求把球防起。好的防守队员，不仅勇猛顽强，而且要善于根据对方进攻及本方拦网的情况，做出正确的判断，并采取相应措施。

（一）防守前应注意的问题

（1）根据对方二传的方向、落点和进攻队员跑动的方向和击球点高低，判断对方进攻的位置和来球落点。

（2）根据对方进攻特点和空中动作，判断对方是重扣还是轻吊。

（二）防守个人战术

（1）根据判断，及时移动取位，守住“最危险”区域。

（2）运用各种击球动作防守起球，力求控制球的高度和落点，使之便于组织反攻。如来球能够控制，要垫给二传队员组织快攻或强攻。

（3）根据对方二传的方向和落点，迅速地做出判断，并立即移动到相应的位置，正对来球，准备接球。

（4）在选择前后位置时，应根据对方二传球与网的距离和扣球队员击球点的高低选择防守。如球离网近，无人拦网时，防守队员取位可向前；如球离网远或近网球被拦时，防守队员取位可向后。

（5）选择左右位置时，主要根据对方扣球队员的助跑路线和扣球队员起跳的人与球所保持的关系来选择防守位置。一般来讲，防守位置应取在对方扣球队员和球连线的延长线处。

（6）根据对方扣球的特点，采取相应的防守行动，如对方只扣不吊时，则取位要靠后。如对方打吊结合时，要随时准备向前移动。如对方扣球只有斜线，则要放直防斜等。

（7）防守还应根据本方前排拦网队员的情况，主动选择防守位置加以配合与弥补。重点防守前排拦网的空当。

（三）防守个人战术运用

（1）判断进攻点，合理取位。要根据二传的方向和落点，及时地做出判断，并迅速取位。如球离网较近，本方队员来不及拦网时，防守队员取位可靠前，以封堵角度；球离网较远，防守队员取位可靠后些。

（2）“有利面”放宽。即取位时把自己最擅长防守的一面适当放宽。如自己的右侧面防守较好，可把这个区域适当放宽，以扩大防守面。

（3）针对性防守。根据对方进攻队员的特点，采取相应的防守行动。如对方只打不吊，取位要靠后；打打吊吊则取位要灵活；只有斜线则放直防斜。

（4）拦、防配合。根据前排拦网队员的情况主动配合、弥补。如采用拦斜防直或反之。

（5）上、下肢并用。充分利用规则，采用上、下肢的协调配合防守。如采用高姿势防守，上肢负责腰部以上的来球，下肢负责腰部以下的来球。

第二节　集体进攻战术

随着世界排球运动的发展，进攻战术也丰富多彩，单纯地依靠个人体能和技战术能力是难以战胜对手的。从前排队员的活点进攻发展到今天全方位的立体进攻，无不显示出集体战术的威力。

集体战术是指两个或两个以上队员之间有组织、有目的地集体协同配合。任何集体进攻战术的变化都建立在进攻阵形和进攻打法的基础上。

一、进攻阵形

进攻阵形就是进攻时所采取的基本队形。合理地选择进攻阵形是各进攻战术变化的基础，过去排球界取得共识的有“中一二”“边一二”“插上”“二次球及其转移”4种进攻阵形。随着排球运动的发展，作为现代排球一个重要部分的全攻全守整体排球，在技战术打法上已形成了高快结合、前后结合、全面型进攻的局面。原先的由3号位担任二传，2号、4号位队员扣球的“中一二”进攻阵形和由前排2号位做二传，3号、4号位队员扣球的“边一二”进攻阵形都已不能涵盖当前一名队员做二传，其他5名队员都参与进攻的立体进攻阵形。为此，我们以二传组织进攻时的位置，把目前的进攻阵形定义为“中二传”进攻阵形、“边二传”进攻阵形和“心二传”进攻阵形，以期能更准确地表达其内涵。

（一）“中二传”进攻阵形及其变化

由1名前排或后排队员在前排中间位置做二传，其他队员参与进攻的阵形，称为“中二传”进攻阵形。“中二传”进攻阵形是最基本的进攻阵形，其特点是二传队员在中间，一传容易到位，战术繁简多变，适合不同技术水平的队。技术水平较低的队可组织前排2号或4号位扣一般高球，技术水平较高的队可组织各种战术进攻乃至立体进攻。其站位及变化如下：

1.“大三角站位”

这是最基本的站位方法，其变化主要以2号、4号位队员进攻为主，辅以后排进攻等（图4-1）。

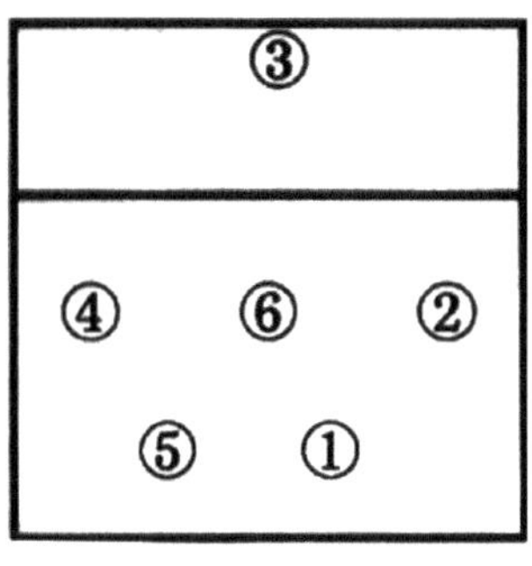

图4-1

2."小三角"站位

4号位队员位置不变，2号位队员站在中场接球，3号位站在2号、4号位之间的网前。这种站位实际上也是一种隐蔽站位的方法，1号位队员可在2号位做佯攻，2号位队员从中路进攻，后排队员进行后排进攻。这种阵形有利于各种交叉换位进攻（图4-2）。

若2号位队员左手扣球得力，则可以在场区右侧站成"小三角"，即2号位队员位置不变，4号位队员中场接发球，3号位队员站在2号位队员与4号位队员之间的网前做二传，5号位队员在4号位做佯攻，后排队员进行后排进攻（图4-3）。

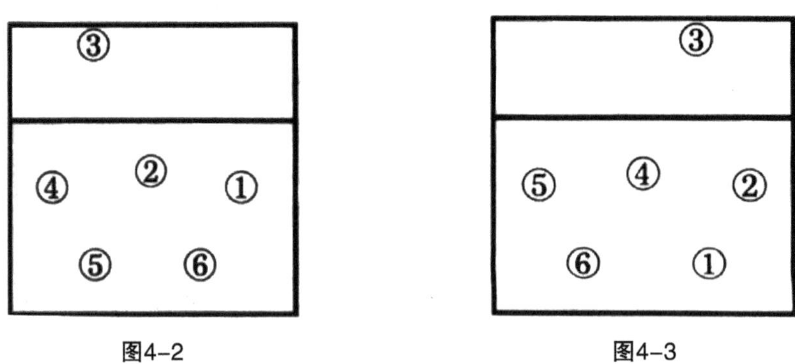

图4-2　　图4-3

3.换位成"中二传"阵形

二传队员在4号位或2号位时，可以换位成"中二传"阵形（图4-4）。

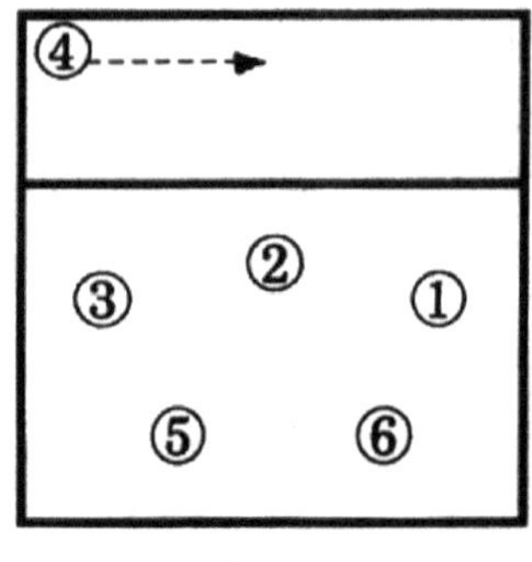

图4-4

4.“插上”成“中二传”阵形

后排队员都可以“插上”做二传，如6号位队员从3号位队员右侧“插上”成“中二传”阵形，其他队员分别进行前排或后排进攻（图4-5）。

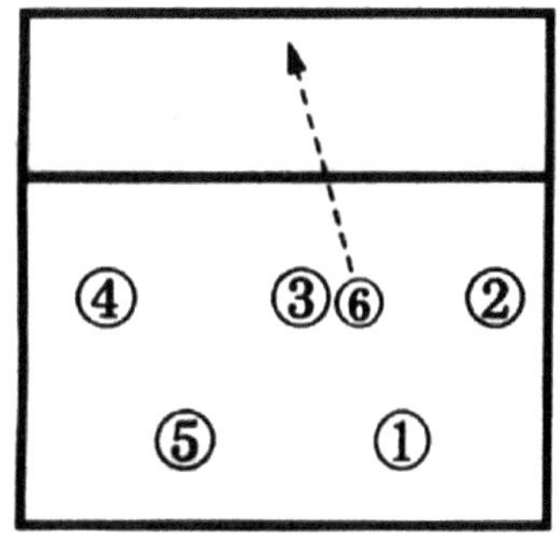

图4-5

（二）“边二传”进攻阵形及其变化

由1名前排或后排队员在前排2号位做二传，其他队员参与进攻的阵形，称为“边二传”进攻阵形。“边二传”进攻阵形也是基本的进攻阵形，其特点是二传队员在边上，对一传的要求稍高，但战术变化比“中二传”进攻阵形多，战术可简可繁，同样适合不同水平的队。其站位及变化如下：

1.“边二传”阵形

2号位队员站在网前担任二传，3号、4号位队员进行前排进攻，其他队员参与后排进攻（图4-6）。

2. 反“边二传”阵形

4号位队员站在网前做二传，其他队员参与进攻。如果2号、3号位队员是左手扣球，采用这种阵形比较有利（图4-7）。

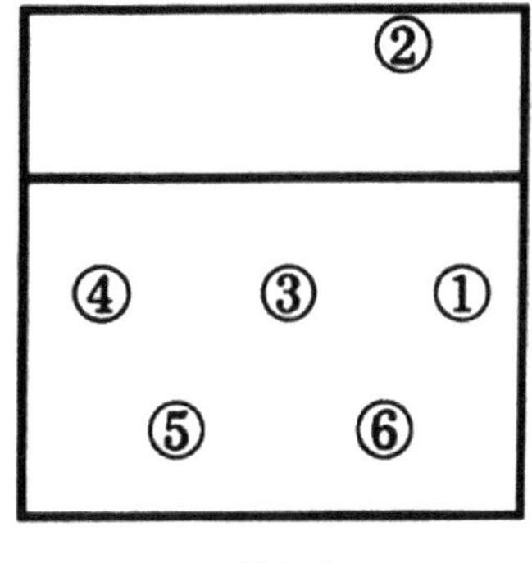

图4-6

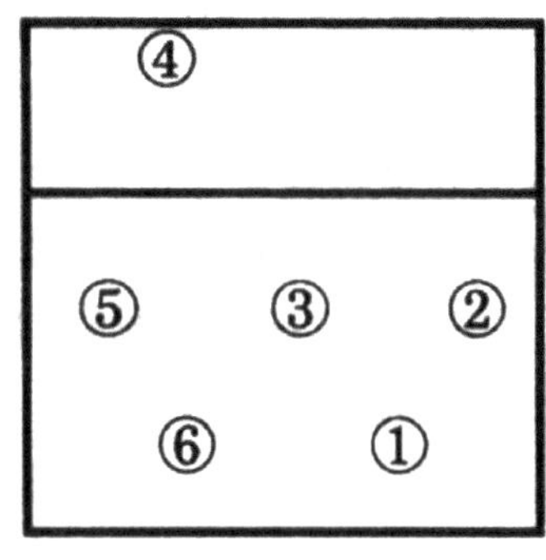

图4-7

3. 换位成“边二传”阵形

通常采用反“边二传”换位成“边二传”阵形（图4-8）。

4.“插上”成“边二传”阵形

后排队员都可以“插上”做二传，如1号位队员从2号位队员右侧“插上”成“边二传”阵形，其他队员分别进行前排或后排进攻（图4-9）。

5.“假插上”成“边二传”阵形

3号位队员在4号位队员的右侧做“假插上”，形成“边二传”阵形，1号位队员做佯攻掩护，其他队员参与进攻（图4-10）。

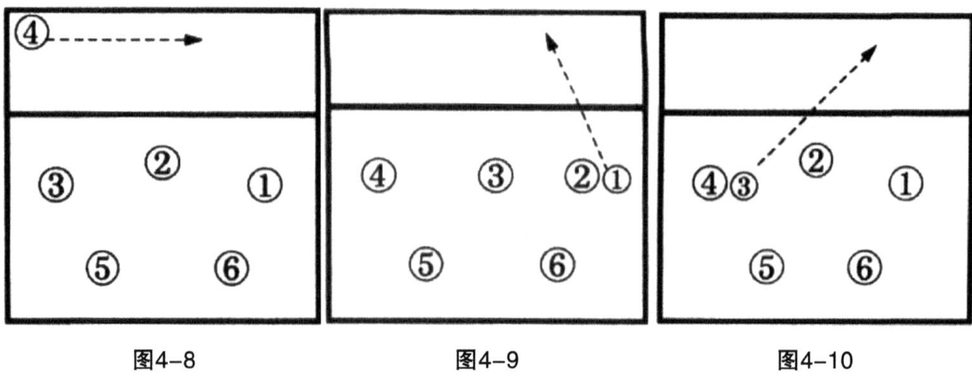

图4-8　　图4-9　　图4-10

采用“中、边二传”进攻阵形时应注意以下几点：

（1）采用“中二传”进攻阵形时，二传队员的站位应稍微靠近2号位，避免与6号位队员重叠，以免阻挡视线影响其接发球。

（2）采用“边二传”进攻阵形时，二传队员的站位不宜太靠近边线，以免运用“拉开”“围绕”等快攻战术时，因距离远而影响战术质量。

（3）采用换位成反“边二传”阵形时，4号位的二传队员既要靠网站，又要靠边线站，以免造成与3号位队员位置错误或影响3号、4号位队员的接发球。

（4）插上队员应站在同列队员的侧后方，选择最短的插上距离、最佳的插上时机，并要及时后撤参与防守。

（三）“心二传”进攻阵形及其变化

二传队员在中场进攻线附近组织进攻的阵形称为“心二传”进攻阵形。“心二传”是近年来创新的一种进攻阵形。其特点是二传队员在中场位置进行二传，有利于组织后排进攻及前后排互相掩护进攻，战术变化多，适合技术水平较高的队使用，但对二传及队员间的配合要求较高。其站位及变化如下：

1. 6号位做二传的“心二传”阵形

后排6号位队员在进攻线附近担任二传，其他队员分别进行前排或后排进攻（图4-11）。

2. 3号位做二传的“心二传”阵形

前排3号位队员在进攻线附近担任二传，1号位队员专门进行后排跑动进攻，其他队员分别进行前排或后排进攻（图4-12）。

3. 后排“插上”成“心二传”阵形

6号位队员从3号位队员右侧“插上”成“心二传”进攻阵形，其他队员分别进行前排或后排进攻（图4-13）。

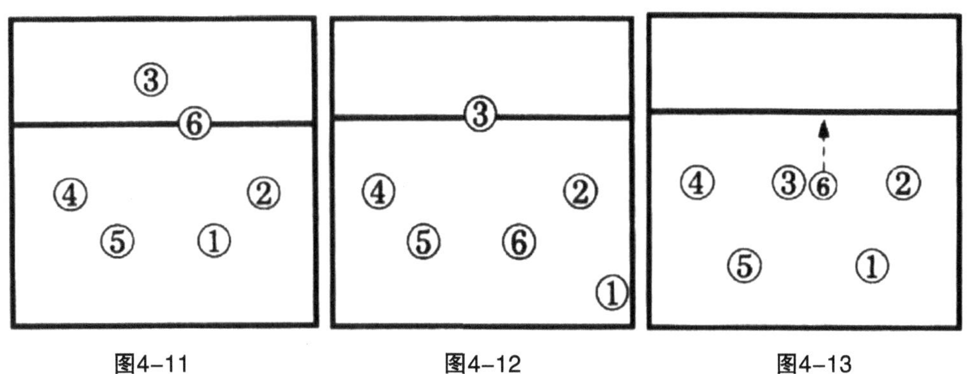

图4-11　　图4-12　　图4-13

运用“心二传”进攻阵形时应注意以下几点：

（1）二传要具备熟练的传球技术和较高的战术素养。

（2）本队接发球水平稳定。

（3）后排队员有较强的后排进攻能力。

二、进攻打法

进攻打法是指二传队员与扣球队员之间所组成的各种配合。每一种进攻阵形中都可以灵活地运用多种进攻打法，以达到避开拦网、突破防线、争取主动的战术目的。进攻打法可分为强攻、快攻、两次攻及其转移以及立体进攻等。

（一）强攻

在无掩护或掩护较小的情况下，主要凭借个人力量、高度和技巧强行突破对方的拦、防。

1. 集中进攻

在4号位或2号位组织比较集中的不拉开的高球进攻，或在3号位扣一般高球。这种打法易掌握，也易被拦，适合初学者和水平较低的队运用。

2. 拉开进攻

二传队员将球传到标志杆附近进攻的打法称为拉开进攻。拉开进攻可以扩大攻击面，以避开拦网，有利于线路变化及打手出界（图4–14）。

3. 围绕进攻

围绕跑动换位的目的是发挥自己的扣球特长，避开对方拦网的有效区域。

进攻队员从二传队员前面绕到后面去扣球称为“后围绕”进攻（图4–15）。

进攻队员从二传队员后面绕到前面去扣球称为“前围绕”进攻（图4–16）。

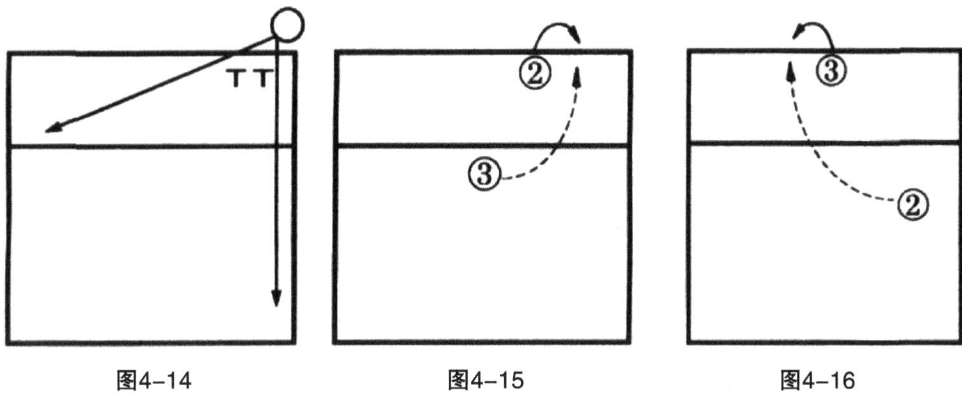

图4-14　　图4-15　　图4-16

4. 调整进攻

当一传或防起的球不到位，球的落点离网较远时，由二传队员或其他队员把球调整到网前有利于扣球的位置上进行强攻的打法称为调整进攻。调整进攻在接扣球反击中运用较多，并占有比较重要的位置。调整进攻对运动员的体能要求较高，必须具备一定的弹跳高度和力量，才能有效地突破对方的拦网和防守。

5. 后排进攻

后排队员在进攻线后起跳扣球称为后排进攻。由于击球点离网较远，使得过网面加宽，给对方的拦网造成较大困难，比赛中的运用效果是显而易见的。后排进攻已从过去的“被动式”转变为“主动式”，并被各队普遍采用。

（二）快攻

各种快球及以快攻作为掩护，由同伴或本人所进行的进攻，均称为快攻。

1. 快球进攻

二传队员将球或快或平传给扣球队员，扣球队员快速挥臂击球，称为快球进攻。快球进攻是我国的传统打法，其特点是速度快、突击性强、掩护作用好，有利于争取时间、空间和组织多变的战术。

如图4-17所示，快球有近体快（A）、短平快（B）、背快（C）、背短平快（D）、背溜（E）、平拉开（F），以及调整快、远网快、后排快、半快球、单脚快等。

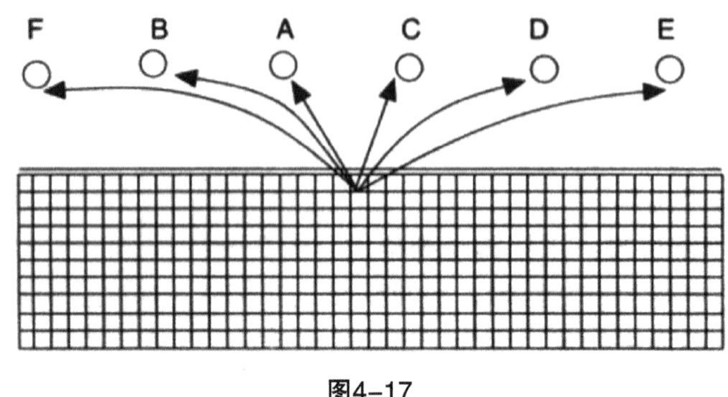

图4-17

组织快球战术主要靠二传队员与扣球队员之间密切配合。二传队员要了解扣球队员的特点，还要根据当时扣球队员的上步情况主动配合传球。扣球队员也应根据一传的特点及二传的特点主动地加以配合。其中重要的一点是要相信二传队员，否则就会犹豫不决，贻误战机。

2. 自我掩护进攻

用自己打各种快球的假动作来掩护自己的第二个实扣进攻，称为自我掩护进攻。

（1）“时间差”进攻。这种进攻在运用时要求扣球队员与二传队员之间通过信号密切配合。扣球队员的第一次佯攻助跑上步、急停制动动作都要做得逼真，同时要与快球实扣交替使用才能收效。二传球的高度定在对方拦网队员下落之际，本方扣球队员能突然原地起跳实扣为佳。

（2）“位置差”进攻。扣球队员的佯攻要逼真，错位的移动要连贯，并与快攻实扣灵活交替运用，方能取得良好的效果。“位置差”进攻打法有以下多种。

①短平快前错位。3号位做短平快佯攻后向右跨步，用双脚或单脚起跳扣集中的半高球（图4-18）。

②近体快前错位。3号位近体快球佯攻，然后突然向左跨步起跳扣拉开的半高球（图4-19）。

③近体快后错位。3号位近体快球佯攻，然后突然向右侧跨步围绕到二传队员背后扣半高球（图4-20）。

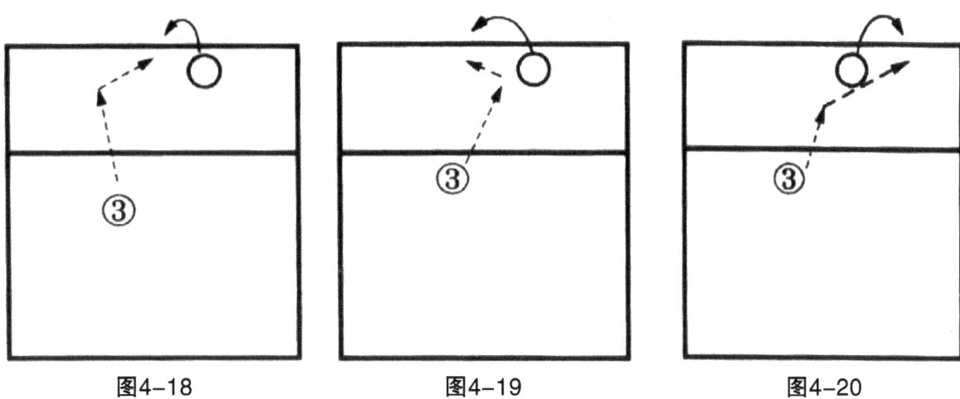

图4-18　　图4-19　　图4-20

（3）“空间差”进攻，也称空中移位进攻。这种打法进攻面宽，突击性强，很容易摆脱对方的拦网，但要求扣球队员有良好的弹跳及冲跳能力，并要与二传队员密切配合。“空间差”进攻有以下几种打法。

①前飞。队员在扣短平快的起点上做佯攻，利用向前冲跳的惯性，使身体在空中水平移到二传队员附近扣半高球（图4-21）。

②背飞。队员在二传队员体侧起跳，利用向前冲跳的惯性，在空中移到二传队员背后1～2米扣半高球（图4-22）。

③假背飞。扣球队员在3号位佯做单脚“背飞”扣球，突然起跳扣背快。这种战术是在单脚起跳“背飞”的基础上发展起来的，所不同的是最后一步较大，摆臂向上，增加踏跳的垂直分力，减小水平位移，起跳后扣背快球（图4-23）。

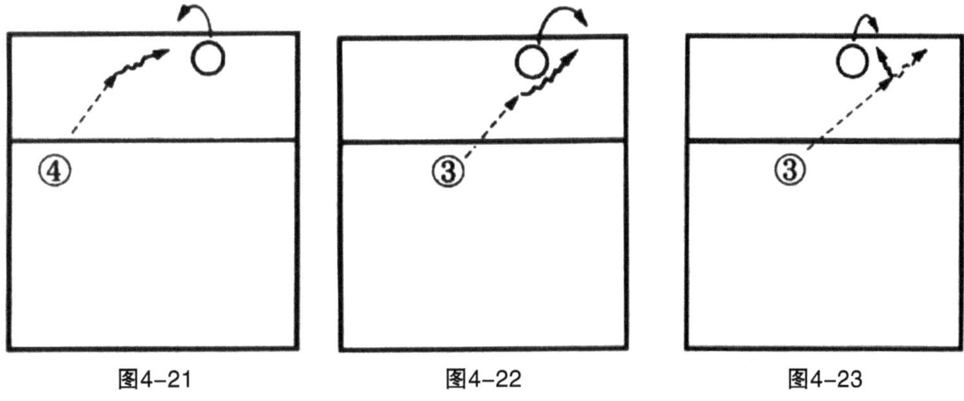

图4-21　　图4-22　　图4-23

④后飞。扣球队员在2号位佯扣背溜或短平快，踏跳后向3号位“起飞”扣背快球（图4–24）。

⑤拉三。扣球队员在3号位佯扣近体快球，踏跳时向左侧冲跳，利用空中位移追扣二传队员向3号位传出的短平快球，以达到避开对方拦网的目的（图4–25）。

⑥拉四。扣球队员在短平快起跳点佯扣，踏跳时向左侧冲跳，利用空中位移追扣二传队员传向3号、4号位之间的拉开球（图4–26）。

⑦“拉二”。扣球队员在扣背快起跳点上突然向右侧冲跳，追扣二传背后的拉开球（图4–27）。

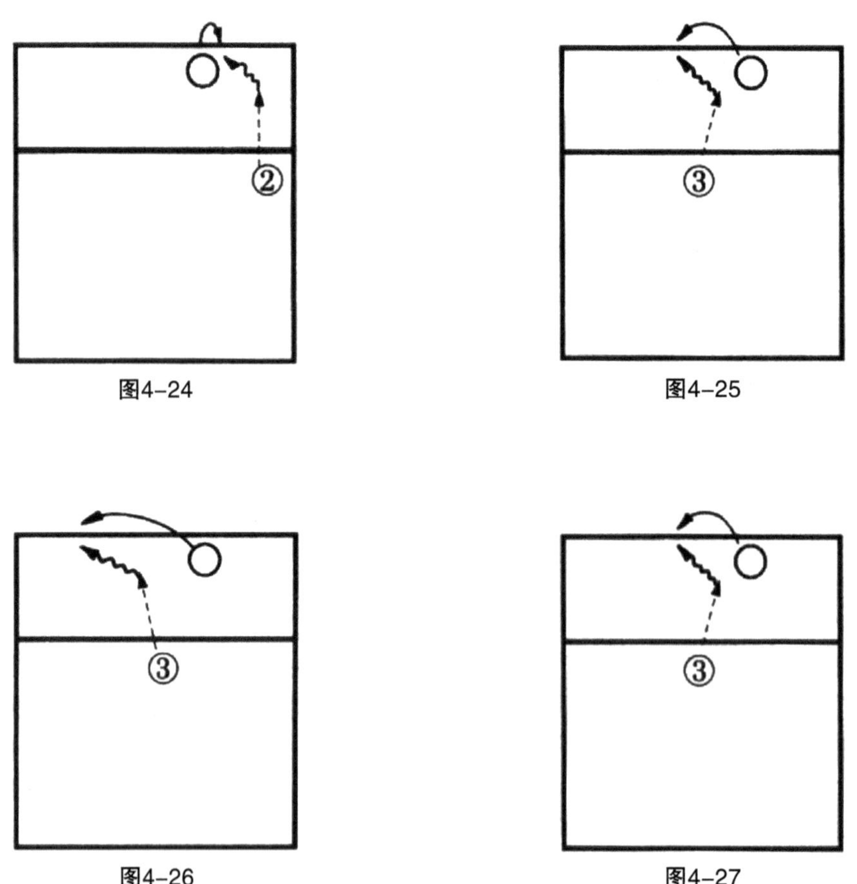

图4–24　图4–25

图4–26　图4–27

“空间差”进攻打法尚有很大的发展潜力，如能与“位置差”等打法结合起来运用，如错位后加“前飞”等，还可以进一步丰富“空间差”的战术打法，提高“空间差”的效果。

3. 快球掩护进攻

利用各种快球吸引对方拦网，然后给其他队员创造一打一或空网扣球的进攻打法，称为快球掩护进攻。在快球掩护下，其他队员还可以进行各种形式的跑动进攻，能起到出其不意、攻其不备、集中兵力、以多打少、避实就虚的作用。随着排球运动的发展，掩护的方法越来越多，已从单人掩护发展到多人掩护，从前排队员掩护发展到后排队员掩护。

在快球掩护进攻中，主要有交叉进攻、梯次进攻、夹塞进攻、双快和三快进攻和双快—跑动进攻等多种打法。

（1）交叉进攻。交叉进攻是两名队员跑动进攻，助跑路线相互交叉，起到相互掩护的作用，形成局部区域以多打少的局面。交叉进攻主要有以下几种：

4号位队员内切做近体快或短平快掩护，3号位队员跑动到4号位队员附近扣半高球（图4–28）。

4号位队员扣近体快球，2号位队员跑动到二传队员前面扣半高球（图4–29）。

3号位队员做近体快球掩护，二传队员身后的2号位队员跑到二传队员前面扣半高球（图4–30）。

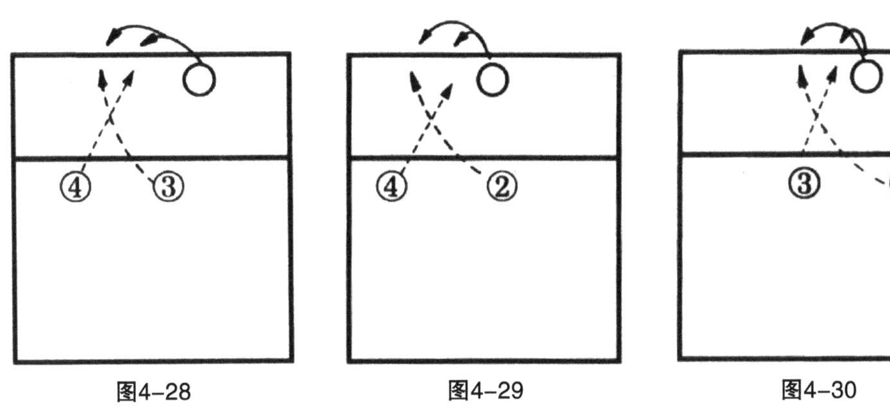

图4–28　　图4–29　　图4–30

2号位队员做背快掩护，3号位队员跑动到二传背后的短平快或半高球（图4–31）。

2号位队员扣前快球，3号位队员跑到二传背后扣半高球（图4–32）。

3号位队员扣背快球，2号位队员跑到二传前面扣半高球（图4–33）。

3号位对员快球掩护，2号位队员佯做交叉进攻，助跑途中突然向右侧变步，绕到二传背后扣半高球。在各种交叉进攻被对方识破时，都可采用这种进攻打法来摆脱对方的人盯人拦网（图4–34）。

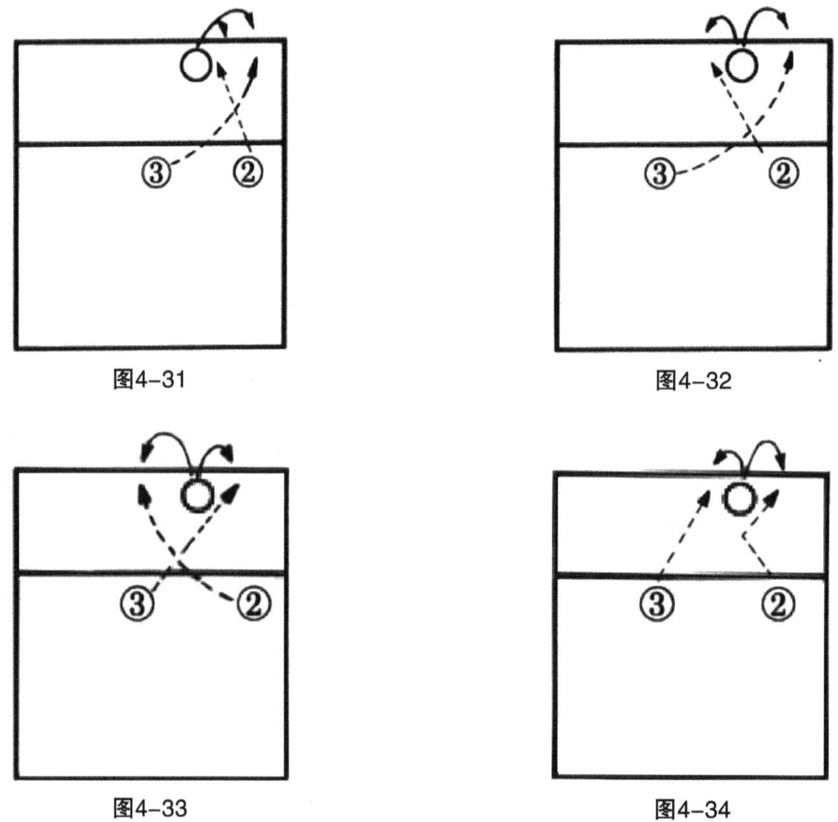

图4–31

图4–32

图4–33

图4–34

交叉进攻使拦网者来不及判断两名跑动队员中真正的扣球者，故突然性大，攻击性强，用于对付对方的人盯人拦网收效甚好。运用交叉进攻时，要根据不同的交叉战术确定相应的一传落点。二传球的高度不宜过高，以免对方补拦。交叉跑动的扣球队员在一传球即将到达二传队员手中时，开始上步为宜。起动过早，易被对方识破或影响快球队员的跑动。

在交叉进攻中，如定位快球与错位快球结合运用，则变化更多，效果更佳。

（2）梯次进攻。一队员打快攻掩护，另一队员在其背后打离网稍远的半高球。这种战术打法主要是利用同一进攻点上，由两人在不同时间进行扣球，使对方拦网队员难以判断，从而形成在一点上以多打少的有利局面。

梯次进攻可由4号位队员跑动至二传队员前面扣近体快球进行掩护，诱使对方拦网，而二传队员将球传给距网稍远一点的3号位队员，3号位队员扣半高球（图4-35）。

采用3号位队员做快球掩护，2号位队员在他身后扣半高球（图4-36）。

采用3号位队员做快球掩护，4号位队员在他身后扣半高球（图4-37）。

采用4号位队员扣短平快做掩护，3号位队员在其身后做梯次进攻。也可由3号位队员扣短平快做掩护，4号位队员在其身后做梯次进攻（图4-38）。

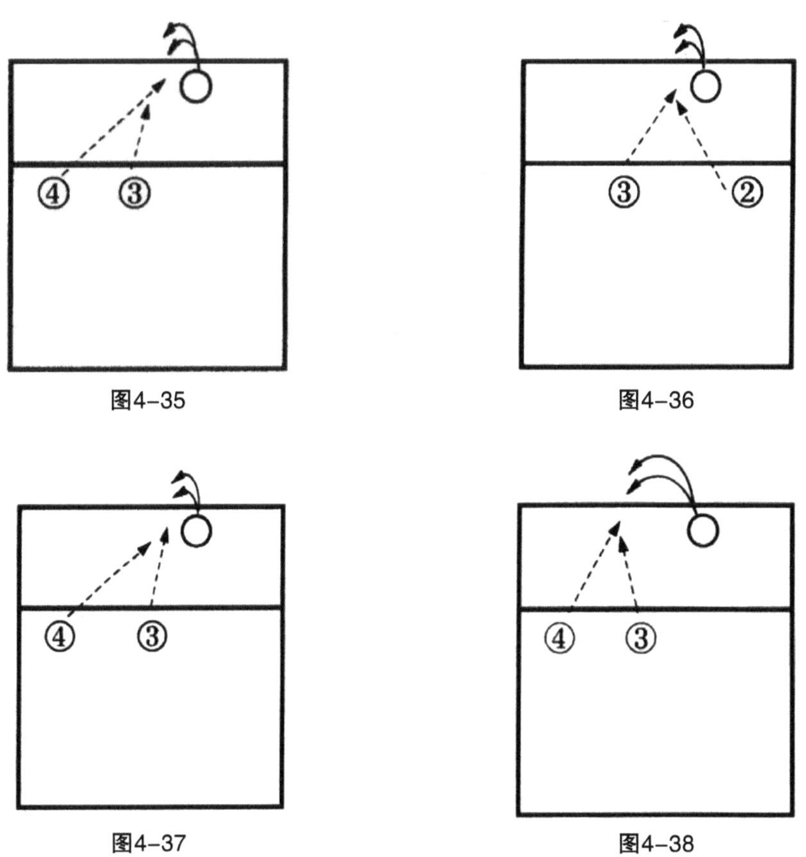

图4-35　图4-36

图4-37　图4-38

在4号位队员做快球掩护的梯次进攻时，一传的落点和二传队员的位置要靠近球网的中间，以便缩短4号位队员快球掩护的助跑距离。运用3号位队员打快球掩护，2号位队员梯次进攻时，二传队员的取位则应靠近2号位区。

（3）夹塞进攻。队员在短平快位置上做扣球掩护，吸引对方拦网，二传队员将半高球传至二传队员与扣短平快队员之间，而另一名队员像塞子一样，突然跑到两人中间进攻，使对方拦网措手不及。

3号位队员先扣短平快球，4号位队员突然切入扣半高球（图4-39）。

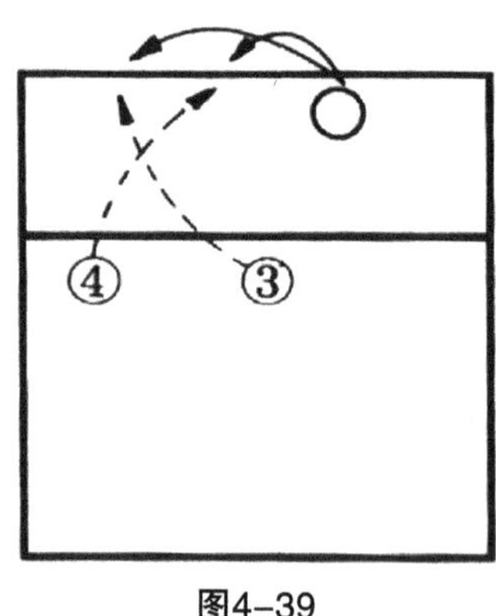

图4-39

（4）双快和三快进攻。双快和三快进攻即前排2～3个队员在不同地点同时发动进攻。

3号位队员做近体快球进攻，2号位队员做背快球的双快进攻（图4-40）。

3号位队员做近体快攻，4号位队员做短平快进攻（图4-41）。

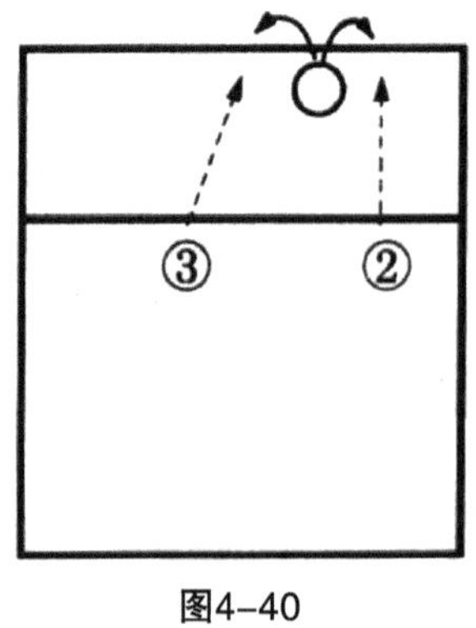

图4-40

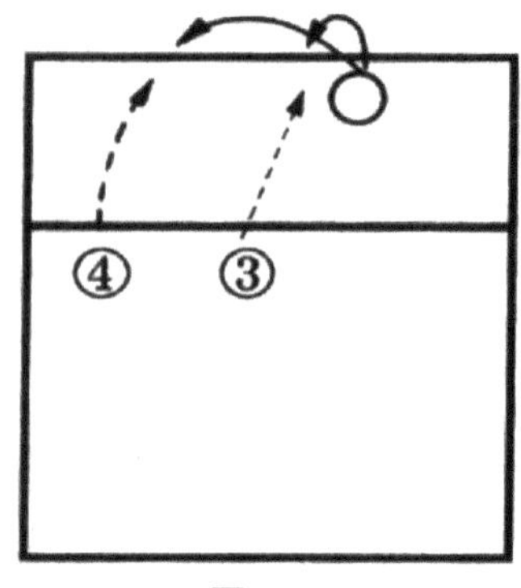

图4-41

3号位和4号位队员可采用一长一短两个短平快进攻的“串平”打法，即二传队员采用跳起平传，两个扣平球的进攻队员同时起跳，靠近二传的进攻队员可以实扣，也可以佯做挥臂而将球让过，给后面的扣球队员实扣（图4-42）。

若前排三名队员同时进行快攻，可以 2号位队员扣背快，3号位队员扣近体快，4号位队员扣短平快（图4-43）。

也可以2号位队员扣背溜，3号位队员扣短平快，4号位队员扣平拉开（图4-44）。

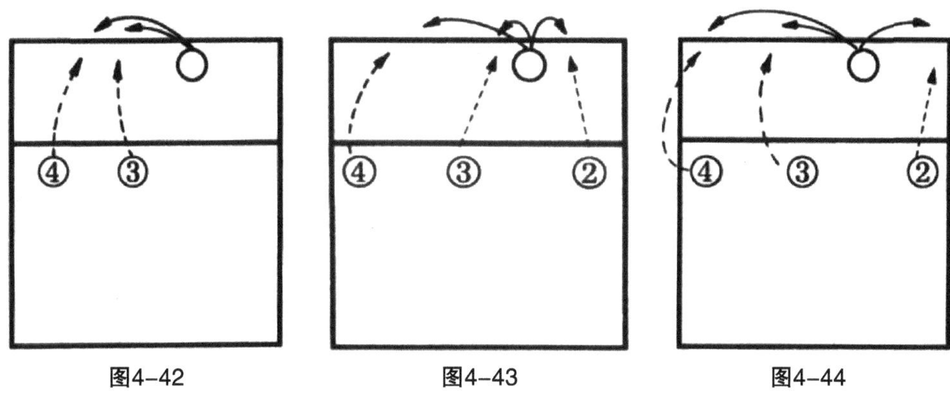

图4-42 图4-43 图4-44

（5）双快—跑动进攻。在双快的基础上，另一队员选择对方拦网的薄弱区域进行跑动进攻，这种打法称为“双快—跑动”进攻。

2号位或4号位队员进行快球进攻，3号位队员可根据对方的拦网情况，跑动到2号或4号位做活点进攻（图4-45）。

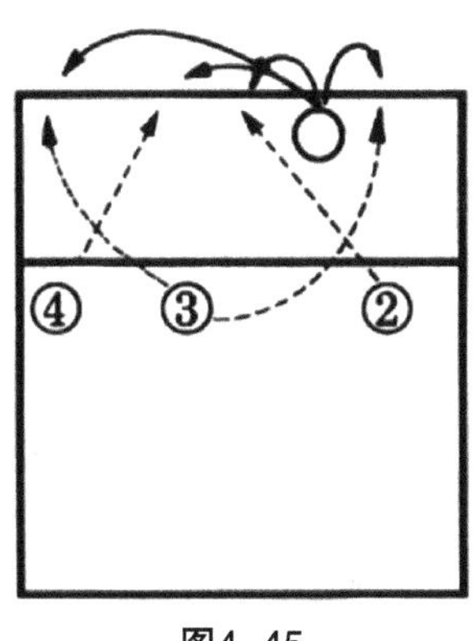

图4-45

3号、4号位队员进行近体快攻和短平快攻，2号位队员跑动到4号位打拉开进攻，以破坏对方的盯人拦网。难点在于跑动距离长，扣球难度大（图4-46）。

3号位队员打近体快球或短平快球，2号位队员打背快球，4号位队员跑动到2号位扣拉开球（图4-47）。

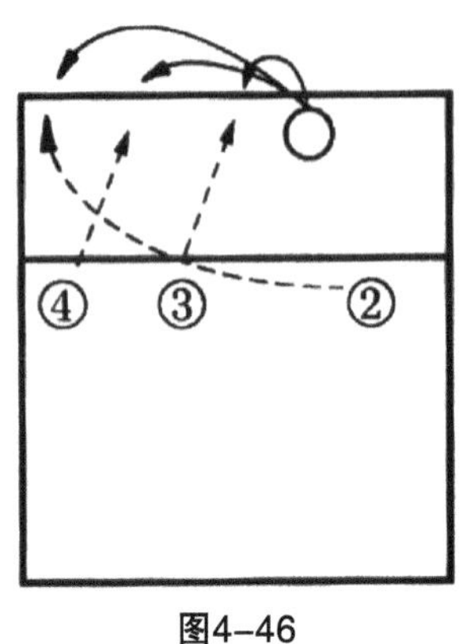

图4-46

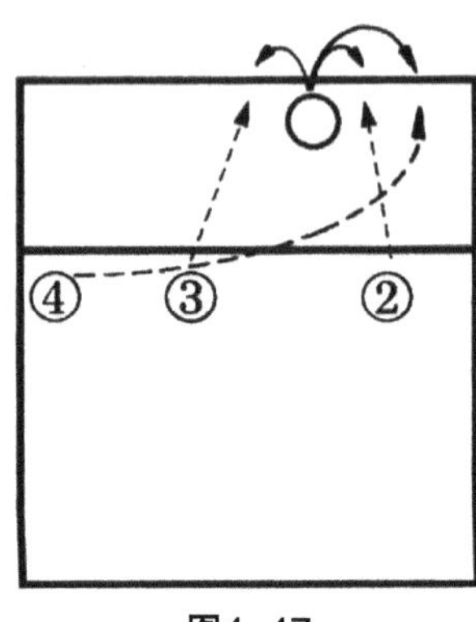

图4-47

快攻是现代排球比赛中必不可少的进攻武器，快攻质量的好坏直接影响着强攻的效果。在比赛中必须坚持高快结合、快变结合、前沿与纵深相结合的打法，才能发挥更大的作用。

（三）两次攻及其转移

当一传来球较高，落点在网前适当的位置，前排队员可以起跑做两次攻，如遇拦网，也可在空中改扣为传，转移给其他队员进攻，这种打法称为两次攻及其转移。

两次攻中的跳传转移主要有以下几种变化。

（1）短传转移。2号位队员跳传低球转移给相邻的队员进攻（图4-48）。

（2）长传转移。2号位队员跳起长传给4号位队员扣球（图4-49）。

（3）围绕转移。2号位队员跳起背传低球转移给围绕到身后的3号位队员扣球（图4-50）。

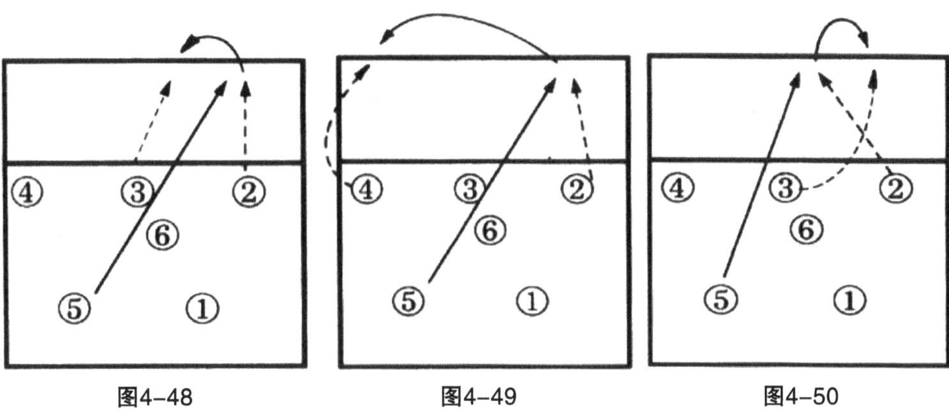

图4-48　　图4-49　　图4-50

两次扣球是在快攻基础上的拓展，进一步加快了进攻的速度，可破坏对方的节奏，打乱对方的布防。跳传转移又可以迷惑对方的拦网，给同伴创造有利的进攻机会。

（四）立体进攻

立体进攻是一种前排与后排、快攻与强攻、时间与空间上的多方位组织进攻。它汲取了各种打法的精髓，使前后排融为一体，互为掩护，使之上升为进攻打法的最高境界。

在整个立体进攻中，后排进攻占有极其重要的位置，在一定程度上决定着立体进攻的主攻方向，起到了掩护前排快攻的作用，已成为各国强队的主要进攻打法之一。

3号位队员打背快球，2号位队员打背溜，4号位队员打平拉开，1号、5号位队员在两翼进行后排进攻（图4-51）。

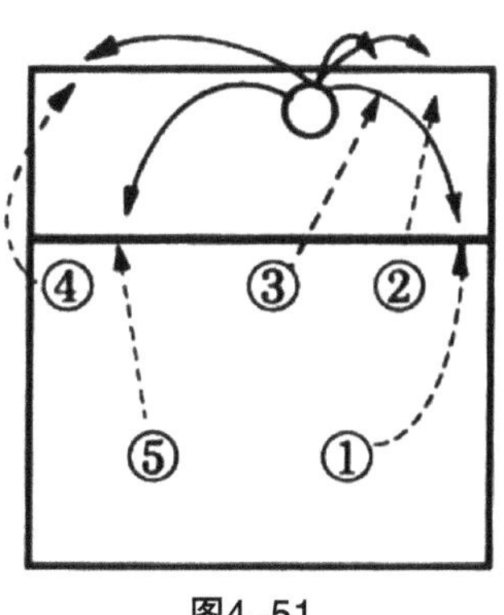

图4-51

3号位队员打短平快，4号位队员打平拉开，2号位队员打背溜，5号位队员从中路、1号位队员从右翼进行后排进攻（图4-52）。

6号位队员后排起跳扣快球，4号位进行梯次进攻，2号位队员扣背快球，1号、5号位队员进行后排进攻（图4-53）。

采用“心二传”进攻阵形，二传队员在进攻线附近组织进攻，3号位队员迅速下撤扣平拉开，4号位队员突然切入扣半高球，2号位队员扣背短平快，1号、5号位队员进行后排扣球（图4-54）。

1号、5号位队员扣后排快球，6号位队员进行交叉进攻，4号位队员扣平拉开，2号位队员扣半高球（图4-55）。

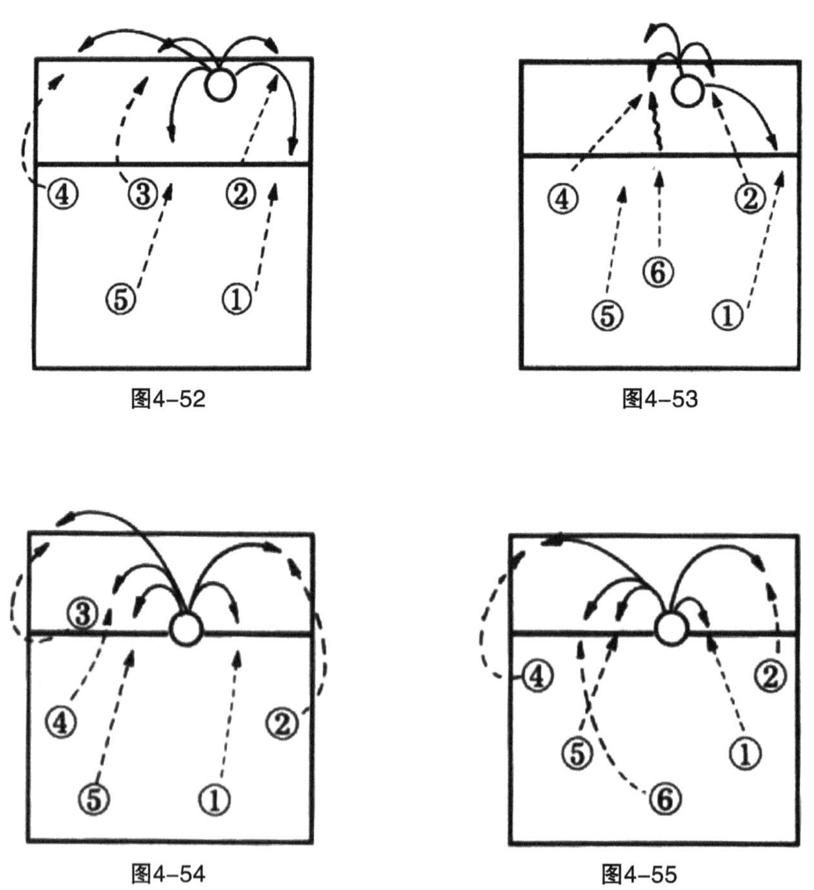

图4-52

图4-53

图4-54

图4-55

第三节　集体防守战术

一、接发球及其阵形

接发球是进攻的基础，它是由守转攻的转折点，如果没有可靠的一传做保障，就难以组成有效的进攻战术，甚至还可能造成直接失分。

各队发球攻击性的提高给接发球及其进攻带来了一定的难度，因此，加强接发球能力的训练，提高接发球及其进攻水平就显得尤为重要。

（一）接发球的基本要求

1. 正确判断

接发球的质量很大程度上取决于能否进行正确的判断。接发球时，队员的注意力要高度集中，充分做好接发球的准备，根据对方的发球动作、性能、力量及速度，迅速做出正确的判断，及时移动取位，对准来球路线，运用合理的垫球技术将球垫给二传队员。

“远飘、轻飘点分散、平快、大力一条线”是比赛中发球落点变化的一般规律，队员可以根据临场发球落点的不同采取相应的行动。

2. 合理取位

在组成接发球阵形时，应以前排靠近边线的队员为基准取位，同列队员之间不要重叠站位，同排队员之间保持适当距离，以免相互影响。根据射出角的原理，快速有力的平直球发不到A、B两区。所以，取位时不要站在这两个区域内，2号、4号位队员的取位距边线1米左右即可（图4–56）。

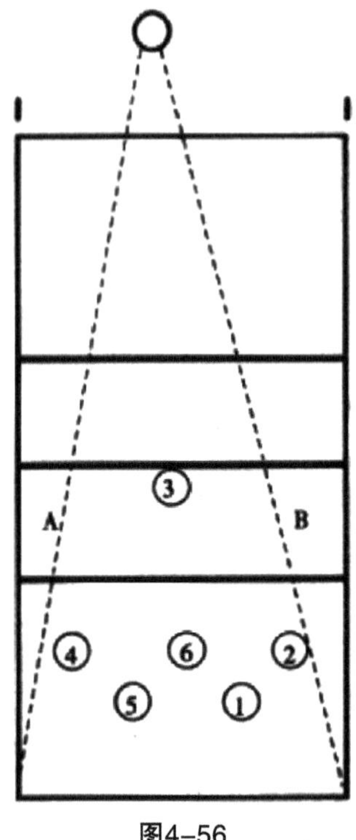

图4-56

3. 分工与配合

接发球时，每一个接发球队员都应明确接发球防守的范围。划分范围不仅是平面的，还应根据来球的弧度、高低进行立体空间划分。接发球队员之间应既有分工又有配合，注重整体接发球的实效性。一般来说，接发球能力好的队员范围可大些，后排队员接球范围可大些（图4-57）。

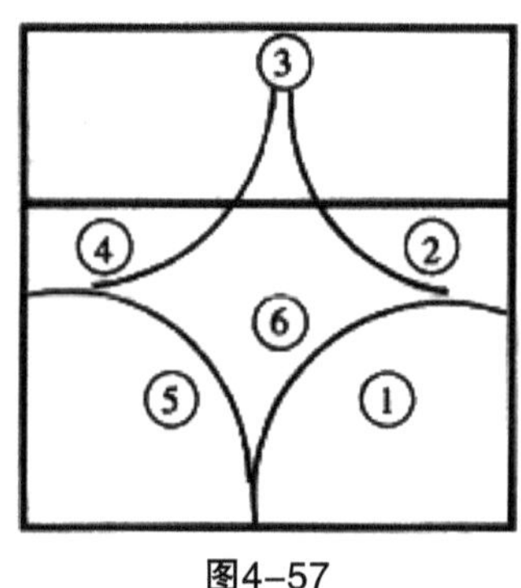

图4-57

比赛中经常有球落在接发球队员之间的“结合部”，造成无人接球而导致失误。为避免这种现象的发生，队员之间可以遵循以下几条原则：由一传较好的队员或已经主动呼喊“我的”队员去接；球落在快攻与强攻队员之间时，原则上由强攻队员接更有利，以免影响快攻的速度和节奏；球落在前后排之间时，最好由后排队员去接，以利于组成快速进攻。要讲究集体配合，树立1人接球5人保护的观念。

（二）接发球阵形

在选择接发球阵形时，不仅要有利于接球，还要考虑本方所采用的进攻战术及对方发球的特点。

按接发球人数来分，接发球阵形主要有5人接发球、4人接发球、3人接发球及2人接发球阵形。

1. 5人接发球阵形及变化

（1）“W”站位阵形。初学者打比赛多采用“中、边二传”进攻阵形，大多站成“W”形，也称“一三二”形站位。5名队员分布均衡，前面3名队员接前场区的球，后排两名队员接后场区的球，职责分明（图4–58）。

这种站位的缺点是队员之间的“结合部”相应增多，也不利于接对方发到边角上的球（图4–59）。

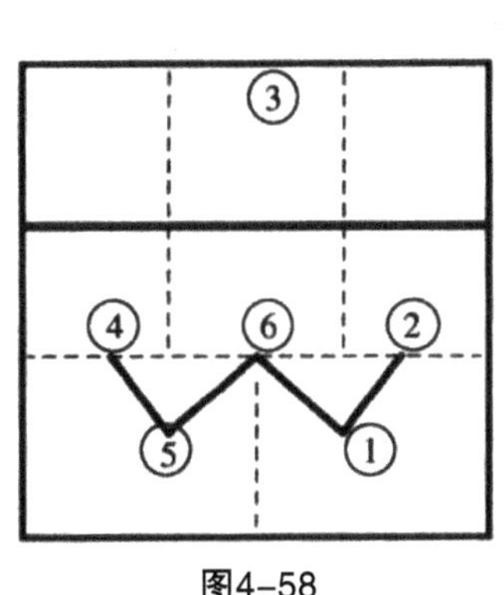

图4–58

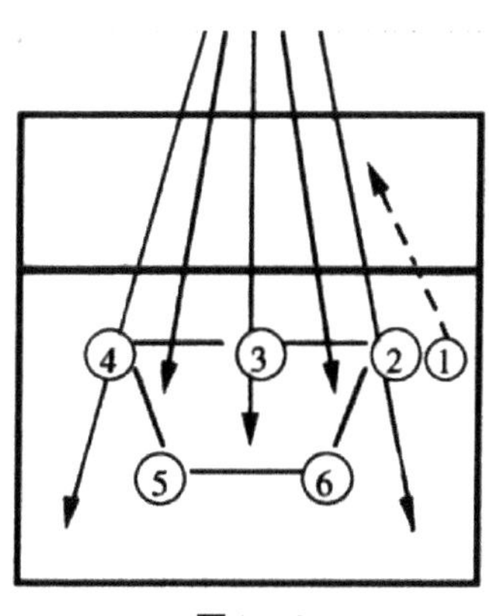

图4–59

（2）“M”站位阵形，也称“一二一二”站位。其优点是队员分布更加均匀，分工明确，前面两名队员接前区的球，中间队员接中区的球，后面两名队员接后区的球。这种站位对接落点分散、弧度高、速度慢的下沉飘球，高吊球及发到边线、角上的球较为有利。缺点是不利于接对方发到场地两腰及后区的大力球、平飘球等（图4–60）。

（3）“一”字形站位阵形。是应对跳发球、大力发球、平冲飘球的有效站位阵形。这几种发球的落点大多集中在球场中后区，接发球时，5名队员“一”字形排开，左右距离较近，每人守一条线，互不干扰（图4–61）。

（4）“假插上”站位阵形。二传队员在前排时，可以运用假插上的站位来迷惑对方。2号位队员站在3号位队员身后佯做后排插上，当一传来球弧度较高且靠近网时，假插上队员可突然打两次球或吊球，起到攻其不备的效果。6号位队员还可以做佯攻掩护（图4–62）。

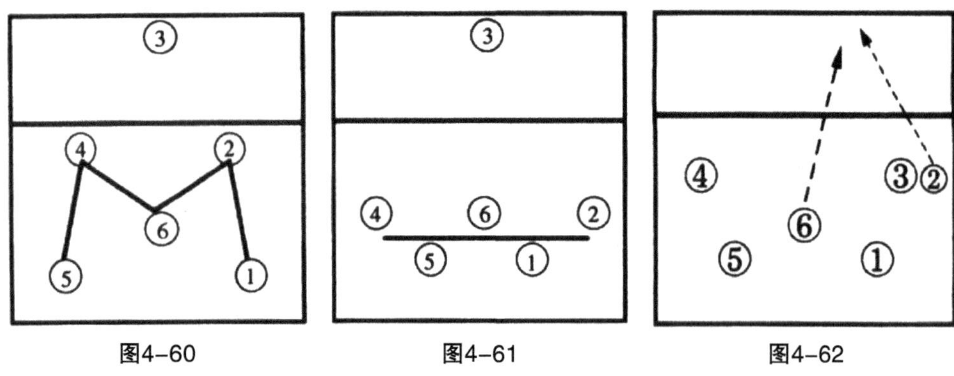

图4–60　图4–61　图4–62

（5）隐蔽站位阵形。接发球站位时，在规则允许的前提下，前排队员隐蔽地站在后排队员习惯站的接发球位置上，并把后排队员安排在前排接发球的位置上进行佯攻，以达到迷惑并突袭对方的目的。

3号位队员隐蔽站位。当1号位队员插上时，5号位队员佯做4号位队员，与2号、4号位队员同时上前佯攻，吸引对方拦网队员，3号位队员则按预定的战术进行突袭（图4–63）。

3号位队员隐蔽站位。5号位队员插上，1号位队员佯攻，3号位队员就可以进行夹塞、梯次、拉开等战术进攻（图4–64）。

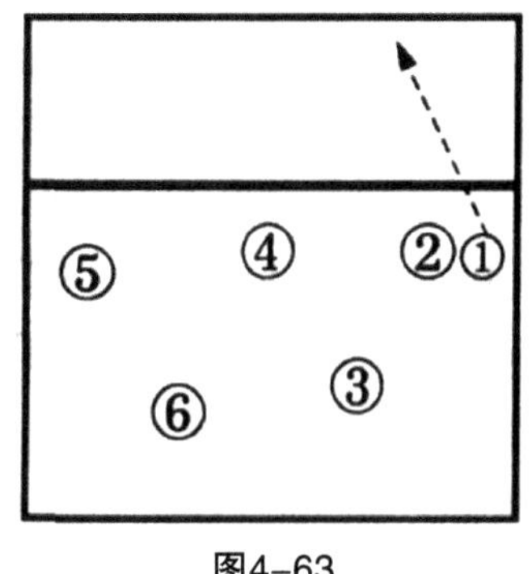

图4–63

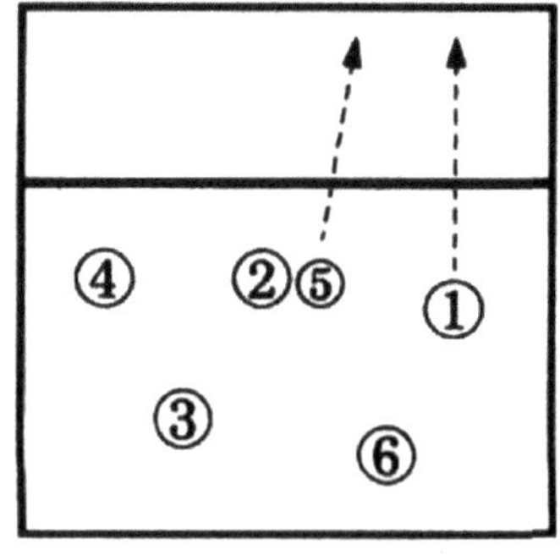

图4–64

5人接发球阵形的优点是每人接一传的范围相对较小，并在接发球时已经站成了基本的进攻阵形，组成战术比较方便。但队员之间“结合部”增多，队员与队员的配合要求较高；5号位队员插上时，二传队员组织各种进攻有一定的难度；当主攻队员在2号位时，换位不便，经常会导致卡轮现象。

2. 4人接发球阵形及变化

（1）“浅盆”形站位阵形。主要是接对方落点靠后或速度平快的发球（图4–65）。

（2）“一”字形站位阵形。主要是接对方的跳发球、大力球及平冲球（图4–66）。

（3）“深盆”形站位阵形。接发球队员比较均匀地分散在场内，主要是接对方的下沉球及长距离飘球（图4–67）。

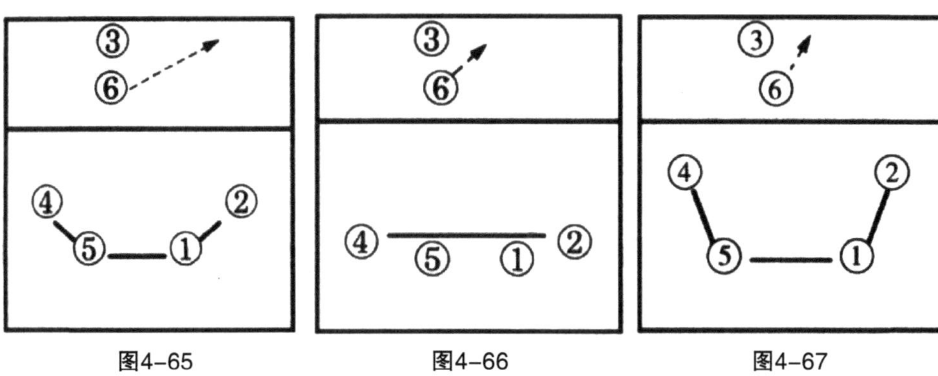

图4–65　　图4–66　　图4–67

4人接发球阵形的优点是便于二传插上，不接发球的前排队员可以充分做好进攻的准备。但是接发球时每人负责一条线，对接发球队员的前后移动和判断能力要求较高。

3. 3人接发球阵形及变化

（1）“前1后2”站位阵形。由1名前排队员和2名后排队员负责全场的接发球（图4–68）。

（2）“后3”站位阵形。由后排3名队员负责全场的接发球（图4–69）。

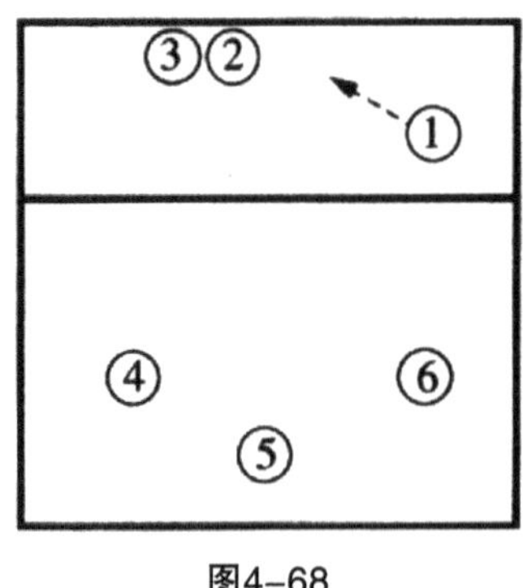

图4–68

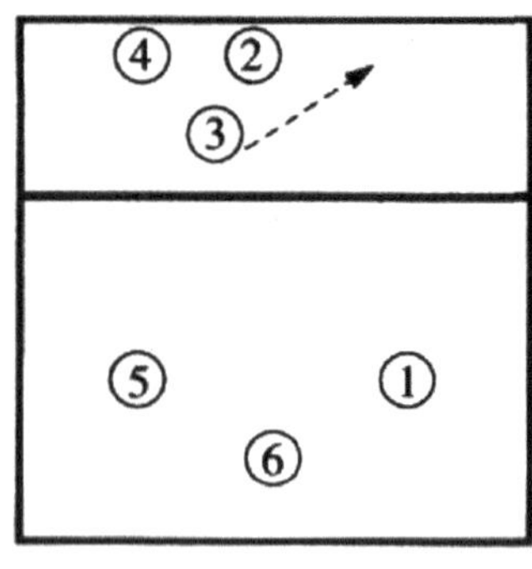

图4–69

3人接发球阵形的优点在于快攻队员不接一传，有利于组织快变战术；前排队员交换位置更加方便，有利于组成快速多变的战术；可让一传差的队员避开接发球，减少一传的失误。但3人接发球阵形每人负责的区域相对较大，对判断、移动及控制球的能力要求较高。

4. 2人接发球阵形及变化

（1）“后2”站位阵形。2名后排队员负责全场的接发球，另外1名后排队员不接发球，专门准备进行后排进攻（图4–70）。

（2）专人接发球站位阵形。由2名接发球好的队员接发球，采用“心二传”进攻阵形，1号位队员专门准备组织前排和后排进攻战术（图4–71）。

2人接发球阵形是在3人接发球阵形的基础上发展演变而来的。其优点是由一传水平最高的队员接发球，保证一传的到位率，能更好地发挥进攻威力，但对接发球队员的要求更高。这种站位方法多用于世界高水平的队。

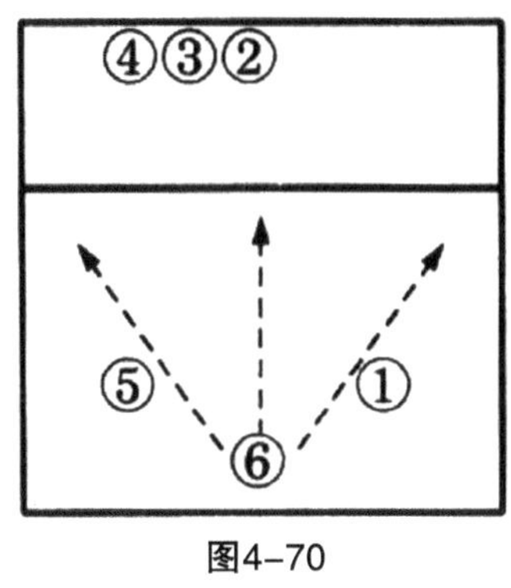

图4–70

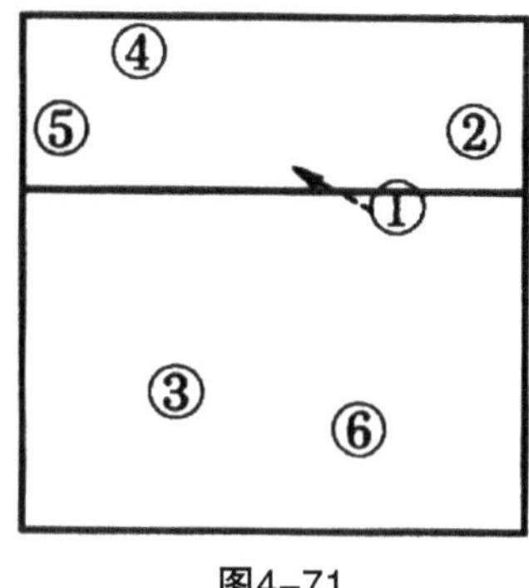

图4–71

二、接扣球防守及其阵形

接扣球防守包括拦网、后排防守两个环节。其中拦网是第一道防线，有效的拦网不仅可以抑制对方的进攻能力，减轻后排防守的压力，还能提高防守率，为反攻创造条件。

（一）拦网

1. 拦网的基本要求

拦网分为单人和集体两种形式，集体拦网必须建立在单人拦网技战术的基础上（单人拦网在第三章已叙述）才能更好地发挥威力。这里重点论述集体拦网的基本要求。

（1）集体拦网时，要确定拦网的主拦队员，如拦对方两翼进攻，本方分别以2号、4号位队员为主拦，其他队员密切协同配合，防止各行其是。

（2）起跳时，相互之间要保持一定的间隔距离，并控制好身体重心，避免互相干扰或冲撞。

（3）拦网时，尽可能扩大拦阻面，但拦网队员手与手之间的距离不能太大，以免漏球。

2. 拦网战术的变化

（1）人盯区拦网战术。这是一种对付定位进攻及一般进攻配合较为有效的拦网战术。其特点是把球网分成左、中、右三个区，每一名队员负责一个区，以保证每一个区域至少有1名拦网队员拦网，并在可能的情况下协助同伴组成集体拦网。

对方运用交叉和拉开进攻时，本方由负责左侧区域的4号位队员主拦3号位快球，负责中区的3号位队员主拦对方2号位交叉进攻，右侧2号位队员负责主拦对方4号位的拉开进攻。3号位和2号位拦网队员相互兼顾，争取组成双人拦网（图4–72）。

对方运用夹塞进攻和背后拉开进攻时，本方2号位队员负责拦对方3号位的短平快球，3号位队员负责拦对方4号位的夹塞进攻，4号位队员负责拦对方2号位的背后拉开进攻（图4–73）。

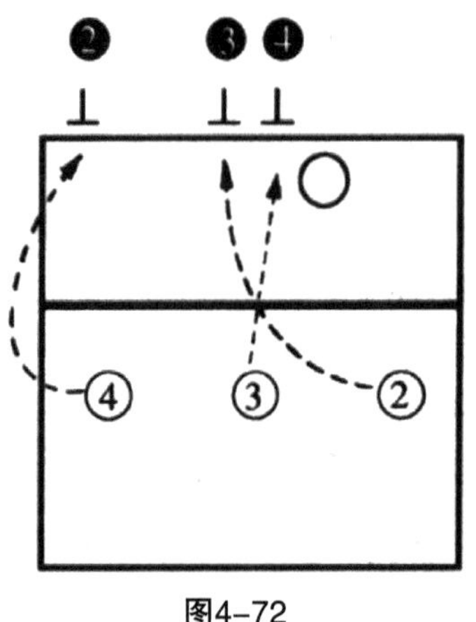

图4–72

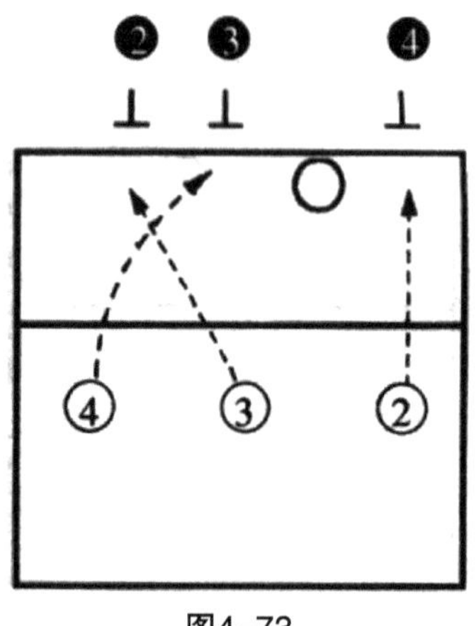

图4–73

在运用人盯区拦网战术时，应对对方的常用战术有所了解，负责拦快攻战术的2名队员要根据对方战术的变化，确定谁主拦对方的第一球，以避免判断错误。

（2）人盯人拦网战术。拦网队员各自负责拦对方与自己相对应位置的进攻队员，进行固定人员的拦网，这种形式称为人盯人拦网。其优点是职责清楚，分工明确。但当对方进行交叉进攻时，需要及时交换盯人拦网，以免造成无人拦网的被动局面。

对方中间采用近体快攻、两翼拉开进攻时，本方3号位队员负责拦中间快球，2号、4号位队员分别负责拦两翼的拉开进攻，并在此基础上尽可能组成双人拦网（图4–74）。

对方采用交叉进攻及背后拉开进攻时，本方4号位队员拦对方2号位的拉开进攻。2号位队员在盯住对方4号位进攻队员时，一旦发现4号位队员内切进行快攻，应立即与本方3号位队员呼应，交换盯人对象，即3号位队员拦对方快球，2号位队员拦对方3号位队员的交叉进攻（图4–75）。

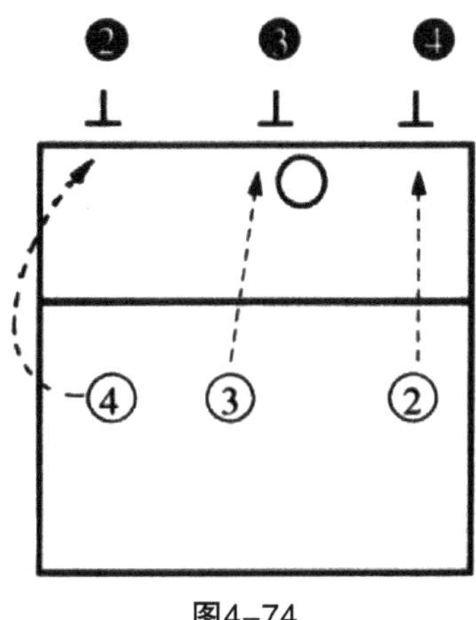

图4–74

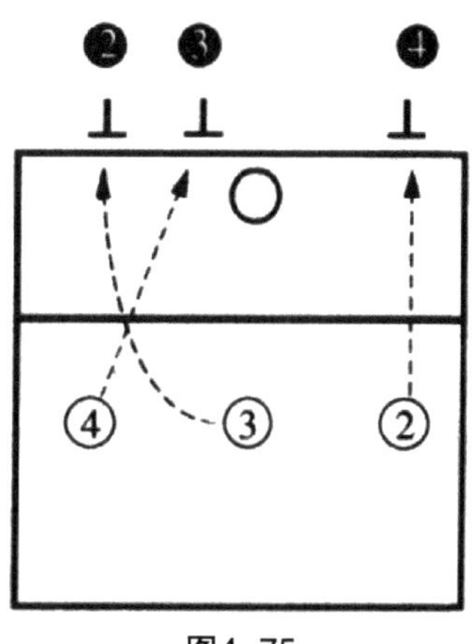

图4–75

（3）重叠拦网战术。

此战术是在人盯人拦网战术的基础上发展而来。采用人盯人拦网对一般的配合进攻有一定的效果，但对付“交叉”“夹塞”等多变的快攻战术时，拦网就会出现漏洞，此时最好采用拦网队员前后重叠站位的拦网战术加以弥补，避免无人拦网。

对方采用“交叉”进攻战术时，本方以重叠拦网应付（图4–76）。

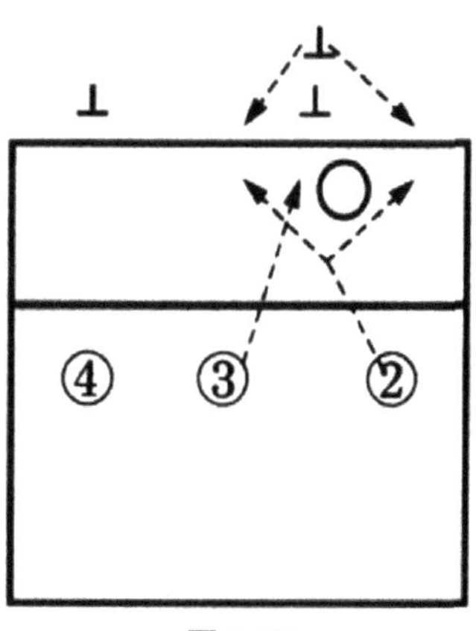

图4–76

对方采用“双快—游动”进攻战术时，本方以双人重叠拦网应付（图4–77）。

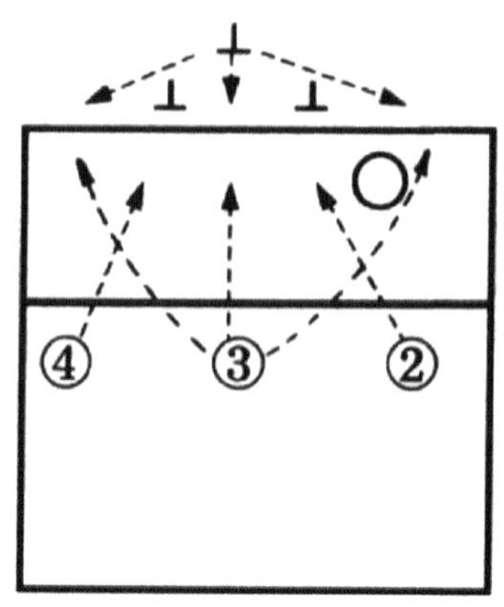

图4–77

（二）后排防守

后排防守是第二道防线，是减少失分和争取反攻得分的基础。虽然拦网技术有了很大的提高，但仍有很多球突破拦网后进入本方场区。成功的防守不仅能争取得分机会，还能鼓舞士气。

后排防守的基本要求：

（1）后排防守要与前排拦网密切配合，相互弥补。一般来讲，拦网队员应封住对方的主要进攻线路，后排防守队员的主要任务是防对方的次要路线、吊球和触拦网队员手的球。

前排拦网队员已封住对方的中路进攻，1号位队员取位防直线，5号、6号位队员侧重防斜线（图4–78）。

前排拦网队员已封住对方的直线及中路进攻，5号位队员前移防吊球，1号、6号位队员侧重防斜线（图4–79）。

前排单人拦网封住对方的中路进攻，6号位队员前移防吊球，1号、5号位队员取位进行“双卡”防守（图4–80）。

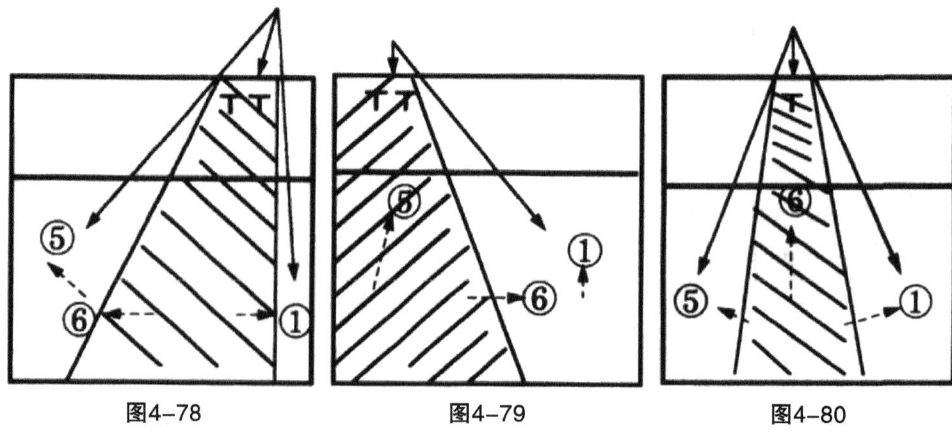

图4–78　图4–79　图4–80

（2）防守队员之间要相互保护。由于每名防守队员的判断取位或垫击时都可能出现错误，防起球的飞行方向也很不规律，场上其他队员都应采取补救措施，做好向各个方向移动的准备。

（三）接扣球防守阵形及其变化

根据前排拦网队员的多少可分为单人拦网、双人拦网、三人拦网和无人拦网的防守阵形。每个队必须掌握并熟练运用各种防守阵形，才能适应比赛的需要。

1. 单人拦网时的防守阵形

当对方技术水平一般，进攻能力较弱或对方战术多变无法组织集体拦网时，可采用单人拦网的防守战术。

（1）与对方扣球队员相对应位置队员拦网的防守阵形。以对方4号位进攻为例，由本方2号位队员单人拦网，3号位队员后撤防吊球，4号位队员后撤防小斜线或吊球，后排3名队员组成半弧形防守圈，每人防守一个区域（图4-81）。

（2）固定3号位队员拦网的防守阵形。对方进攻队员从任何位置进攻，均由3号位队员拦网，2号、4号位队员后撤与后排3名队员共同组成防守阵形（图4-82）。

对方3号位队员进攻，本方3号位队员拦网时，6号位队员迅速向前移动防吊球，其他队员负责各自的防守区域（图4-83）。

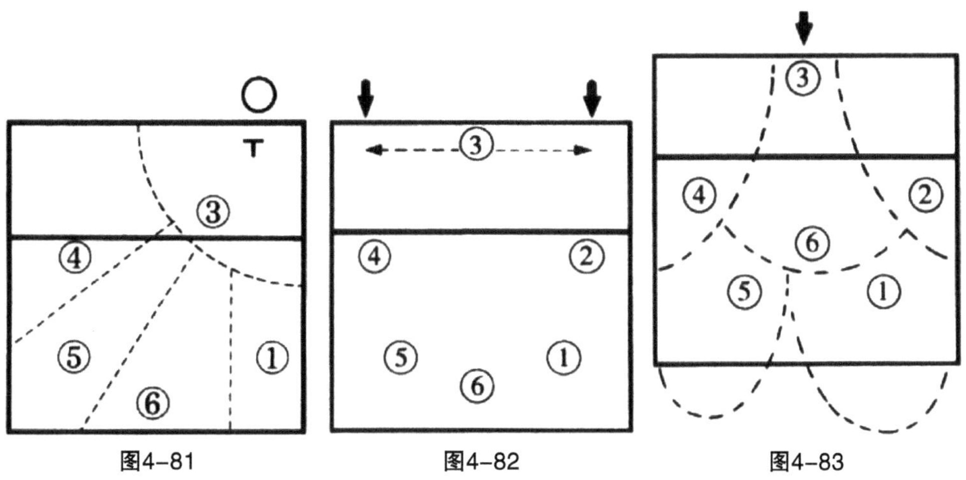

图4-81　图4-82　图4-83

单人拦网的优点是增加了后防人数，便于组织进攻。在水平较高的比赛中，由于对方进攻战术的多变，只能被迫采用单人拦网时，其他队员应立即下撤参加防守。

2. 双人拦网时的防守阵形及其变化

（1）“边跟进”防守阵形。这种阵形也称“马蹄形”或“1号、5号位跟进”防守阵形。在对方进攻能力比较强、战术变化多、吊球少时采用。主要有“活跟”“死跟”“内撤”“双卡”等阵形变化。

以对方4号位进攻为例：本方2号、3号位队员拦网。1号位队员“边跟进”防吊球，兼顾防直线及打手出界的球。6号位队员防后场球，并注意弥补1号位或5号位的空隙。5号位队员重点防斜线球和中场空心地区。4号位队员后撤防小斜线及吊球（图4–84）。

①活跟。在对方扣球路线变化多且打吊结合的情况下，应采用活跟。跟进与否由1号、5号位队员灵活掌握，若跟进，6号位队员则要向跟进队员的防守区域一侧移动补位（图4–85）。

②死跟。在对方扣直线少、吊球多或本方拦网能完全封住直线时，1号位队员或5号位队员就可以坚决跟进，以防吊球为主，兼顾防打手出界的球。6号位队员就要迅速地向跟进队员的防守区域一侧移动补位（图4–86）。

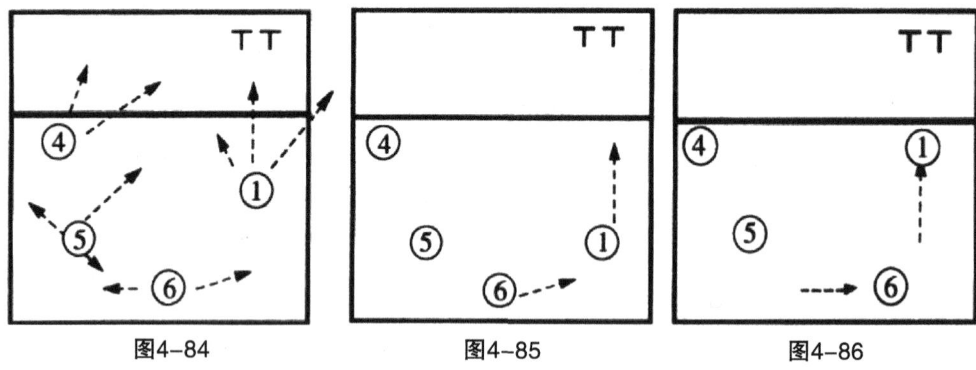

图4–84　图4–85　图4–86

③内撤。在对方扣球直线多，并经常吊“心”的情况下，4号位或2号位队员可内撤到中场空心区域，重点防吊球。5号位或1号位队员主要补防小斜线附近的球（图4–87）。

④双卡。对方以吊球和轻打为主，打吊结合，本方拦网较强时，就可以采用4号位内撤，1号位跟进的双卡防守阵形，两人协同防守前排的吊球。两人跟进要适时，过早跟进容易被对方识破，造成后防不利（图4-88）。

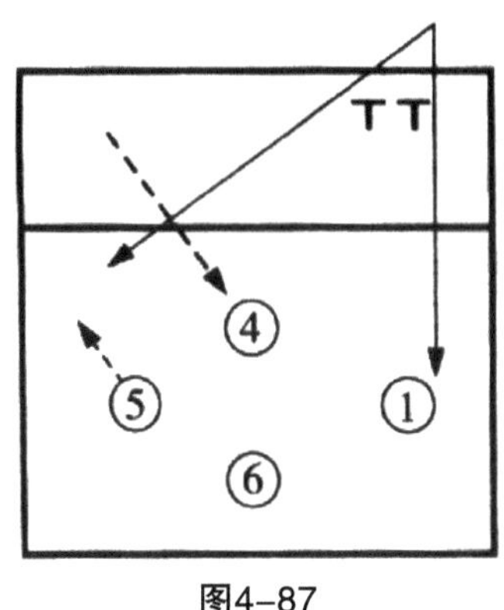

图4-87

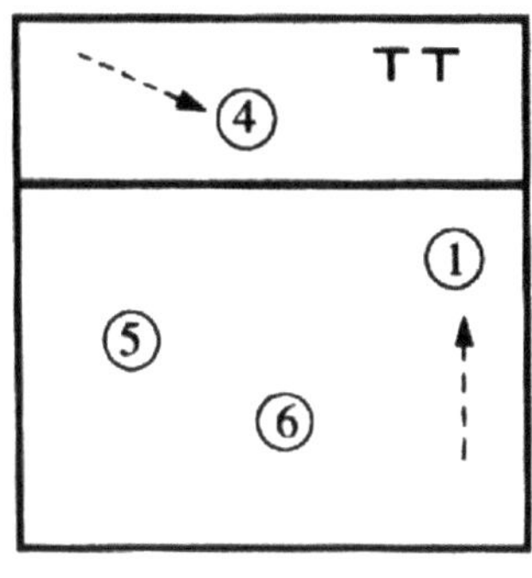

图4-88

“边跟进”防守阵形的优点是对防守对方大力扣杀有利；弱点是球场中间空隙较大，容易形成“心空”，防对方直线进攻的能力减弱。

（2）“心跟进”防守阵形。这种阵形也称“6号位跟进”防守。当对方经常运用打吊结合，而本方拦网能力较强的情况下，可采用“心跟进”防守阵形。

以对方4号位进攻为例，本方2号、3号位队员拦网，6号位队员“心跟进”防吊球及接应落入中场的球，其他队员负责各自的区域（图4-89）。

以对方4号位进攻为例，6号位队员主要防吊球、拦起球，接应后排防起的球。1号、5号位队员负责后场区所有的球。4号位队员防小斜线及吊球（图4-90）。

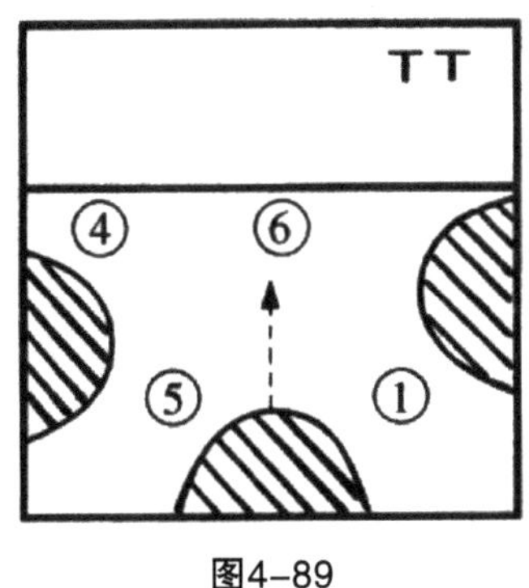

图4-89

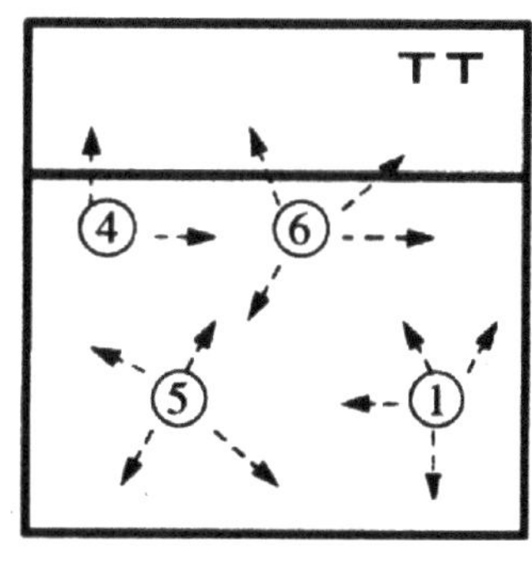

图4-90

“心跟进”防守阵形对防吊球和防拦起球有利，也便于接应和组织反攻。但后场及“两腰”空隙较大，容易形成空当。

“边跟进”和“心跟进”两种防守形式各有利弊，在比赛中不应单一地采用某一种形式进行防守，应根据本队的具体情况及临场变化，灵活地运用这两种防守形式。

3. 三人拦网时的防守阵形变化

在对方扣球队员攻击性强、线路变化多、吊球少时采用，主要是拦对方的强攻。三人拦网的基本防守阵形有1号、5号位的“双卡”和6号位的“跟进”两种阵形。

（1）双卡。对方3号位扣球，本方前排3名队员集体拦网，1号、5号位队员扼守两腰，6号位队员负责后场球。此阵形的优点是对防守两腰部的球有利，弱点是后场两角空隙较大（图4–91）。

（2）跟进。对方4号位扣球，6号位队员迅速跟进到场心区域，防守中场及前场区的吊球，1号、5号位队员防守直线、斜线重扣及两腰和后场球。此阵形的优点是对防守吊心球有利，弱点是后场中路及两腰部空当较大（图4–92）。

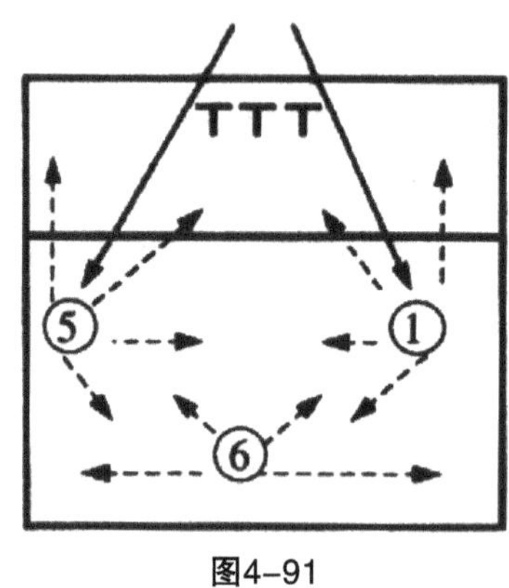

图4–91

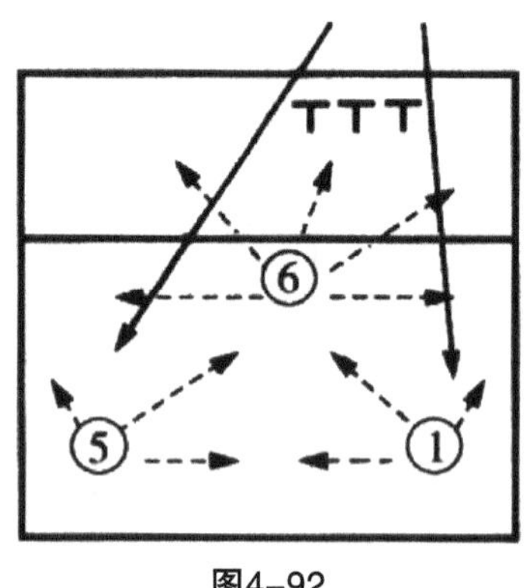

图4–92

三人拦网固然加强了第一道防线的力量，但后场空隙较大，同时给拦网后组织反攻增加了难度。因此，在比赛中要灵活运用。要求拦网队员坚决果断，后撤迅速，积极参与反攻。

4. 无人拦网时的防守阵形变化

比赛中，由于对方战术多变，本方拦网受挫，导致无人拦网，在这种情况下，只能根据临场变化灵活取位，力争把球防起。

在对方扣球能力很弱或进攻时球离网很远的情况下，可以主动不拦网，以“中二传”或“心二传”进攻阵形布防。

初学者在比赛中常以传、垫球为进攻手段，可以不拦网，以加强防守力量。

三、接拦回球防守及其阵形

随着排球运动的发展，运动员的身高、拦网高度和技巧的提高，扣球被直接拦死或拦回的比例逐渐增大，故接拦回球的能力对比赛胜负的影响也越来越大。

（一）接拦回球阵形

接拦回球防守阵形，应根据本方的进攻战术和对方拦回的情况，以及参加防守的人数来确定。接拦回球一般采用5人、4人、3人等阵形。

（二）接拦回球不同阵形的站位

1. 5人接拦回球阵形的站位

本方强攻时，二传弧度较高，进攻点明确，除扣球队员自我保护外，本队其他5名队员均可参加接拦回球。根据扣拦的情况灵活采用不同的站位。

（1）“三二”站位。本方4号位队员进攻时，其他队员均面向进攻方向，5号、6号和3号位队员组成第一道防线，1号和2号位队员组成第二道防线。这种站位一般在对方拦网有高度、落点大多在近网时采用。

（2）“二二一”阵形。这种阵形在对方拦回球落点比较分散时采用。以4号位进攻为例，3号、5号位队员负责前场区，2号、6号位队员负责中场区，1号位队员负责后场区。

（3）“二三”阵形。这种阵形在对方拦网能力一般、拦回球落点比较分散时采用。以4号位进攻为例，3号、5号位队员负责前场区，1号、2号、6号位队员负责中场区和后场区。

2. 4人接拦回球阵形的站位

4人接拦回球一般采用“二二”站位。这种站位多在二传队员传球后或前排快球掩护队员来不及后撤防守时采用。

四、接传、垫球防守及其阵形

当对方无法组织有力的进攻，被迫将球传、垫、挡过网时，是本方得分的极好机会。这种球在初级水平的比赛中出现较多，高级水平比赛中偶尔也会出现。

（一）接传、垫球阵形

接对方传、垫过网的球，根据其运用的时机、条件以及来球性能的差异，可采用5人、4人接球阵形。

（二）接传、垫球的阵形站位

接传、垫球的阵形站位可采用“中、边二传”或“心二传”阵形，以利于组织战术进攻。

第四节 战术系统

战术系统是进攻、防守及打法的组合运用。排球运动中进攻与防守是一对贯穿始终的矛盾，排球比赛的特点之一是攻防转换快，因此实战中进攻、防守及打法是组合运用的。我国排球界的专家、教练员在长期的教学训练实践中，根据实战中进攻和防守打法组合运用的规律，总结了比赛中对方来球的不同方式，将排球战术系统分为接发球及其进攻、接扣球及其进攻、接拦回球及其进攻、接传垫球及其进攻，即“四攻”系统。由于比赛采用“每球得分制”，因此各个战术系统都非常重要。成功，意味着得分；失败，则意味着失分。

一、接发球及其进攻系统

接发球及其进攻系统，是指在接起对方发球后组织的进攻。接发球及其进攻能力强，得分的机会多，也能为后续的接扣球及其进攻减轻压力和创造条件。

二、接扣球及其进攻系统

接扣球及其进攻系统，是指在球网上空直接拦击对方各种进攻和防起对方扣或吊过来的各种球后组成的进攻。

三、接拦回球及其进攻系统

接拦回球及其进攻系统，是指接起被对方拦回的球所组成的进攻。本方扣球被对方拦回是比赛中经常出现的情况，若能接好拦回球并组织进攻，就能变被动为主动。因此，要加强保护意识，掌握多种接球技术，力争组织起有效的进攻。

四、接传垫球及其进攻系统

接传、垫球及其进攻系统，是指接对方采用传球、垫球等形式击过来的球后所组成的进攻。对方一般在配合失误或无法组织进攻时才会将球传、垫过网。初学者在比赛中出现将球传、垫过网的情况特别多，这往往是得分的极好机会，必须认真接好来球并组织进攻。

上述4个战术系统中，除“一攻”外，其余3种统称为“防反”。

我国排球界总结出的“四攻”系统，对进一步认识排球运动的规律，指导排球教学训练工作都有着重要意义。按照“四攻”系统理论进行教学训练，符合比赛实际，能收到很好的效果。“四攻”系统理论是中国排球界对世界排坛的一大贡献。

第五节　技战术教学与训练技法

教学与训练技法是指学习者在进行某项技战术练习时，教练员与学习者交流的能力或给予学习者指导性协助练习的技能。这些能力或技能是教师或教练员在多年的教学训练实践中积累的，必须通过学习才能获得。教学与训练技法可以分为两种，即教练员与学习者的交流技法、教练员的带练技法。

一、教练员与学习者的交流技法

（一）语言交流技法

1. 语言交流的特点

（1）明确的目的性。在训练过程的各个环节上，语言的运用都应紧紧围绕课的任务、教材内容、组织方法去选择适当的语言并加以表达，以表明教练员的旨意。训练课的语言具有明确的目的性，有目的的语言表述有利于学习者的学习和提高，也有利于教学任务的顺利完成。

（2）严谨的科学性。教学与训练的语言是传授排球运动的知识、技术和技能的方法，教练员的语言要充分体现知识内容、知识系统的科学性。教学与训练语言的科学性表现为：讲述准确、推理严谨、进度有序、内容完整。

（3）语言的直观性。教练员要运用生动的语言，将抽象的概念和事物形象地表现出来，简化并帮助学习者对知识的感知、理解和掌握，知道要“做什么”和“如何做”。

（4）严格的时限性。教学与训练课的语言运用具有严格的时限性。教练员的讲解不宜超过3分钟，口令、指示等语言则更短，要在瞬间完成。教学与训练的语言要遵循精讲多练的原则，言简意赅，要有画龙点睛之功效。

2. 语言交流的要求

由于每个教练员的各自特点不同，所表现的语言艺术特色也不尽相同。但是，作为一种教学与训练的常用语言，有着共同的规律和特点。教学与训练的特点决定了语言交流应符合以下几个方面的要求。

（1）准确清晰。教学与训练的语言是对排球运动的知识、技术和技能的客观表述，教练员选词用字一定要准确清晰。一字不准就会改变知识与技术的特性，甚至出现错误。例如，正面上手发球要求“用全掌击球的后中下部”，绝对不能说成“击球的后中部”；“前排保护准备姿势”不能说成“全蹲准备姿势”。教学与训练课中的语言准确还表现在使用术语要准确，在排球运动课堂中要使用“垫球”“传球”“扣球”“拦网”等术语，而不能说成“托球”“拍球”“拦球”等。体育术语具有特定含义，表述特定内容，可以理解为体育的通俗语言。运动员掌握或熟知体育术语是学习体育知识的一个方面。教练员要以身作则，准确无误地运用体育术语。

（2）生动形象。教学与训练中，教练员运用生动形象的语言是学习者学习好的一个重要条件，生动形象的语句和比喻，以及幽默的情趣和栩栩如生的象声词，可以创造一个“如闻其声，如临其境”的氛围，达到一经点到茅塞顿开的语言功效。并且，教学实践中所创造的许多生动的语言，简洁明快，说起来朗朗上口，听起来饶有兴趣，符合青少年的心理特点，使学习者容易接收、理解和掌握。例如，有的教练员或教师在给学生讲解技术要领时总是编成口诀，如后排防守准备姿势的口诀为“两脚开立比肩宽，两个脚尖向内转，上体前倾脚跟提，关节投影依次前”；正面传球的口诀为“蹬地伸臂对正球，额前上方迎击球，触球手形成半球，指腕缓冲控制”。

（3）精练简洁。教学与训练课由于受时间的限制，要求语言交流必须精练简洁，达到少讲多练的目的。语言的精练简洁要求教练员熟悉教材内容，善于抓住难点、重点，合理归纳，提纲挈领，熟练运用术语，正确选词择字。例如，有的教练员在教正面双手垫球的技术动作时，将完整复杂的技术过程用“夹（臂）、插（到球下）、压（腕）、提（肩）、蹬（地）、跟（腰）、送（重心）”这7个字来高度概括。这7个字包括正面双手垫球的技术要领，体现了技术的结构和环节，也大致指出了动作的用力技巧，简明扼要，精练具体。

（4）寓意深刻。教练员在传授体育运动的知识、技术和技能的同时，要注重对学生思想的教育，注重对学习者意志品质的培养。体育运动比赛中教育学生团结协作、互相配合、全力以赴的集体主义观念和在激烈对抗中调整心态的积极意识。在排球教学与训练课堂中，许多教材本身就蕴含着深刻的教育意义和深远的人生哲理，只要教练员认真挖掘，耐心传授，学习者就能在学习的过程中获得社会和人生的教益，获得精神的净化，情操的陶冶。

（5）通俗易懂。在进行语言交流时要根据教学对象的特点，选择合理的语言内容和表达形式，既要言简意赅，又要通俗易懂，还要适应学习者的心理特点。例如给少年儿童上课，就不能使用成人化的语言；而如果使用儿童化的教学语言给大学生上课，虽然通俗易懂，但大学生会感觉幼稚可笑，不屑一顾，使教学效果大打折扣。

（6）诚恳亲切。教学的语言交流要体现出诚恳亲切的情感。充满情感色彩的教学语言，使学习者不仅从语言的内容上，而且从语言的表达方式上都乐于接受。人们常说“通情达理”，可见，人际交往中“通情”是“达理”的前奏，没有感情的沟通就没有对道理的认同。在教练员和学习者的交际中，知识和情感水乳交融，才能达到畅通无阻、事半功倍的教学效果。教学与训练课上往往会遇到一些具体的困难，如有些学习者在学习拦网的初始阶段产生胆怯心理，导致动作萎缩，甚至不敢尽力起跳。在这种情况下，教练员诚恳的教态，亲切的语言一般会对这些学习者产生激励作用，使他们找到克服困难的信心和勇气。诚恳亲切的教学语言出自教练员情感的自然流露，是教练员内心的真实情感，不得有半点虚情假意、矫揉造作和装腔作势。不然，只能引起学习者的怀疑，使学习者产生厌恶心理。

（7）节奏鲜明。教学与训练课中的语言讲究抑扬顿挫的节奏感，这既是语言的艺术，也是教学和训练的艺术。具有音韵旋律之美的语言可以增强语言的感情效果，提高教学质量。教练员的语言要做到快慢有度，轻重适宜，急缓相间，疏密有序。教学与训练课中语言的节奏性主要体现在以下方面：①吐字准确。教练员在与学习者交流时一定要吐字准确，“调”和“跳”与“十”和“四”，要清清楚楚，不能含糊。②音量有别。对集体发出的指令，声音要高，音量要大；对小组进行指导，使用中音即可；而对个别学习者进行指导或批评，则尽量使用低音，能使对方听清楚即可。③速度变化。教学与训练课中的语言要有速度变化，体现出快慢缓急。教练员往往依靠语言速度的巧妙变化来创造跌宕起伏、抑扬顿挫的语言效果，以吸引和感染学习者。一般来说，分析技术和讲解动作要领时要慢；而对刚刚出现的错误动作进行纠正时语言要快；口令和指挥调动队型要急；对个别学习者提出批评时要缓。

（8）风趣幽默。教学与训练的课堂应该呈现生动活泼、快乐愉悦的氛围，教练员风趣的表达、幽默的语言、诙谐的比喻、机智的谈吐都能打破课堂的沉闷，改变课堂的气氛。特别是在运动负荷较大或练习内容较为枯燥，学习者感到疲劳和情绪低落时，一句风趣幽默的语言可以转变学习者的注意力，消除他们的心理疲劳。

3. 语言交流的一些技巧

（1）表达的技巧。说话前要经过思考，避免随意、不负责任地讲话；尽量使用简练、直接的语言，立即说出要说的话；讲话要具体，避免冗长的独白；表达要清楚，前后要一致，语言信息和非语言信息应统一；交流中尽可能使用正面的表达方式；使用征求意见的表达方式，是为了引起讨论，例如“我想你并未尽力，你在想什么？”如果你的讲话冗长，设法用不同的方式来说同一件事；力求获得对你的讲话是否得到了准确理解的反馈，要求他们对你的讲话作出反应；避免使用讽刺、挖苦的语言，与青少年学习者交谈时也应如此。

（2）提问的技巧。强调学习过程，通常“问”学习者该做什么比“告诉”他们该做什么要好；设法让学习者积极参与到问题中；鼓励学习者从经验中学习，如“如果你再遇到这种球，该怎么传？”力求在学习过程中增强学习者的独立性和自我控制能力；训练尽可能使用有效的发问，如“什么？”“怎样？”“什么时候？”“哪儿？”等；尽量多使用非限制性的提问，它将有助于产生更有益的交流。例如，“你喜欢这样扣球吗？”这样的限制性提问，与“这样练扣球和你以前练扣球相比感觉怎样？”或“你最喜欢这样练扣球的哪一点？”这两种提问相比较，后者得到的信息要多得多。

（3）奖励与批评的技巧。要用诚实的态度正面处理问题，慎用消极的批评；告诉学习者具体“要”做什么，不说“不要”做什么；要注意观察，并以真诚的态度及时奖励，不因事小而不为；对学习者的努力态度要多奖励，鼓励发挥，少奖励比赛结果，作为学习者应对自己的才能感到高兴，更应使他对努力而刻苦的训练感到骄傲；在奖赏和鼓励之间的褒贬式批评（积极的褒贬结合），首先指出学习者做得好的方面，然后让他知道错误之处，并告诉他如何改正，最后对他进行鼓励；当学习者犯错时，要保持冷静，应等待他自已改正和打出一个好球，这可能是他一次自我提高的机会；对于初学者，奖励与鼓励应更多一些，以激发他们的自觉性与积极性；尝试使用内在奖励，包括对成绩的感受，自信心的增强，对完成任务的自豪、自我鼓励、自己满意等，如“你应对你这场比赛的表现感到非常自豪”。在无外在奖励的情况下，成功的欲望是长期起作用的、最大的而且最有效的动力。

（二）非语言交流技法

所谓“行动胜过语言”，教练员和学习者之间的非语言交流是下意识的，它们往往要比语言所传递的信息更可靠，也更重要、更有效。在体育课堂上的非语言交流中，最主要的是示范。教学与训练课与其他教学的最大区别在于教学与训练课中教师要用肢体描述和再现教材内容，而学生往往通过对教师动作的观察来建立正确的动作表象，提高学习兴趣，对技术本身所包含的美学成分予以接受并产生向往。因此，有人说“体育教师本身就是一本教材”，学生通过“阅读”体育教师的肢体语言来上好第一堂课。非语言交流技法除了教练员的示范外，还包括以下几个方面：

1. 面部表情

面部是人体表情最丰富的部分。我们可用眼睛、眉毛、嘴等传递信息，尤其是眼神接触的时候可传递更多信息。

2. 手势和其他身体动作

应该更好地使用手、手指、手臂、头、颈、肩、腿等来“说话”，在做手势的时候应结合语言，以便进行有效的交流。

3. 体态

力求保持直立挺拔的姿势，显示信心、活力和开放；行走时步伐要快速、坚定而有力，即便在疲劳时也应如此。

4. 身体接触

拥抱是向学习者表示高兴的最好方式；紧握或高举拳头是表示赞许的有效方式；轻拍一下脑袋可表示担忧或关心，但一般不用在成人学习者身上；将一只胳膊搭在学习者的肩上是表示亲密的有效方式；有时你可能想把学习者的胳膊抬起使其体会怎样击球。

5. 服装和外表

应穿着干净、整洁的衣服；服装要得体；注意卫生习惯，包括牙、手、指甲、身体的气味、头发等。

二、教练员的带练技法

排球教练员的带练技法的技术动作较多，概括起来可分为扣打技法、抛二传技法、掷球技法、推吊球技法、平发球技法和单手击球技法6种。

（一）扣打技法

1. 扣打技法的分类和分析

（1）抛打。教练员自己抛球，然后向练习者扣打。

①准备姿势。教练员站在网附近，面向后场，两脚自然开立，双手或单手持球于腹前，两眼注视练习者的动作。

②抛球。用双手或单手将球平稳地轻抛在击球手臂的前上方约50厘米处。

③挥臂与击球。抛球的同时，击球手臂顺势抬起，屈肘后引，上提稍转，展腹，挺胸，手指自然张开微屈呈勺形。击球时，利用转体收腹的力量带动手臂加速挥动，前臂放松主动用力屈腕、屈指在头的前上方全掌包球向前推压，击准球的后上部。

（2）打垫。教练员将防守队员垫回来的球，连续向防守队员扣打称为打垫。扣打防守队员垫回来的球，难度稍大，技术动作也较复杂。扣打这种球时，教练员要加强判断，根据球速和弧度来判断球的落点，然后迅速移动取位，将击球点的位置保持在击球手臂的前上方，看准防守队员的位置，用扣打技术击球。

2. 扣打技法要求

（1）扣打要准确。训练防守时，一定要打准。也就是说，教练员应根据防守队员的位置和任务，控制扣打球的落点，这样训练才有效果。

（2）扣打时要活、要变。教练员用扣打技能训练防守时，不能让队员被动地等球，而是要通过扣打技法的变化让队员脚步练活。这就要求教练员在击球时不能一味地死打，而是要根据队员的准备姿势，变化扣打力量或方向等，使他们在移动中找球防守。

（3）扣打要有气氛。教练员的扣打与队员的防守是对抗的矛盾，所以教练员一定要通过扣打技法将队员的情绪调动起来。

（二）抛二传技法

1. 抛二传技法的分类和分析

（1）抛一般球。指教练员在网附近抛出的顺网一般高度供练习者做正面屈体扣的球。

①准备姿势。教练员站在3号位附近，身体侧对球网，两脚自然开立，双手持球于腹前，两眼注意扣球队员的行动。

②抛球。利用双手抬臂的动作，将球平稳地向前上方抛出，使球垂直下落在4号位的标志杆内侧附近，高度约在网上2米。

（2）抛快球。指教练员在网附近抛出的低弧度供练习者做快攻扣的球。抛快球技术与一般球技术一样，其不同之处是，抛快球的用力轻，且主要靠抬前臂的抖手腕力量，将球送到扣球队员的击球手上。

（3）抛调整球。指教练员在后场抛出的各种斜网球，供练习者做调整扣的球。抛调整球与抛一般球相同，但需要增加蹬腿动作，依靠全身力量将球抛到网附近。

2. 抛二传技法要求

（1）抛球要稳、准，高度适中。

（2）抛球要减小球的抛物线弧度，使球尽量垂直下落，便于扣球时选择击球点。

（3）抛球时要根据扣球队员的需要，尽量主动适应扣球队员。

（4）抛球时要有变化，逐步增加难度，提高扣球队员的实战能力。

（三）掷球技法

1. 掷球技法分析

（1）准备姿势。以单手掷球技法为例，两脚前后开立与肩同宽，自然站立。单手持球于肩上，身体稍向持球手侧转动，两眼注视接球队员。

（2）投球。利用收腹挥臂，带动手腕向前加速，前臂放松，手腕、手指用力甩动，将球向接球队员投出。

2. 掷球技法要求

（1）掷球目标要准确。

（2）掷球力量要适中，速度由慢到快。

（3）掷球最好与抛打、吊球技术结合运用，提高一定的实战性。

（四）推吊球技法

推吊球技法是扣打技法的一种变化形式。它是以轻巧灵活的手指、手腕动作，将球推吊在接球队员附近的一种带练技术。训练防守时，推吊球技法经常与扣打技法结合运用，这样能够培养练习者反应灵敏和判断移动的能力，更具有实战意义。

推吊球技法是以扣打技法为佯攻，然后突然改变挥臂动作，以单手传球的手形，五指保持一定的紧张度，击球的后下方或侧后下方，将球轻轻地推吊在防守队员的前、后、左、右方向。

（五）平发球技法

平发球技法是教练员向接发球队员进行发球的一种简单、实用的技术。平发球动作较省力，同时也便于观察练习者的技术动作。平发球技法动作要领：两脚开立，与肩同宽，两膝微屈，上体稍前倾，左手持球于腹前，两眼注视接球队员。击球时，左手由前向后稍摆动抛球，正好与从右后侧向前摆动的右手撞击，右手半握拳用掌根击球的中后部，使球呈低平弧度飞向接发球队员。

（六）单手击球技法

单手击球技法是教练员用单手将球击出一定弧度供练习者练习的一种击球技术，是训练课中运用最多的一种击球动作。如二传训练时，教练员用单手击球的方法供球；分队攻防对抗训练时，教练员在场外用单手击球的方法供球等。总之，单手击球技法用途广、方便、实用、省力，是一种非常好的供球方法。

单手击球技法与单手平发球技法的击球方法大体相同，不同之处在于供球种类的不同，击球部位、击球用力和出球弧度也有所区别。

第五章

排球运动员体能训练

第一节　排球运动员体能训练的基本理论

一、排球运动员体能训练概述

（一）体能训练的概念

运动员的运动水平是由其竞技能力所决定的，是运动员体能、技能、智能和心理能力的综合表现。体能（即身体能力）是运动员在训练比赛中专项身体素质、机能水平和身体形态特征的综合体现，良好的体能是不断提高技战术水平和取得优异成绩的重要保证。

体能训练是指对运动员科学地施加专门的训练刺激，使运动员有机体在形态、机能和运动素质等方面都产生良性训练适应能力的训练过程。换言之，体能训练是指人体在艰苦的环境中，长时间、高强度、大负荷持续工作能力的训练。它突出对人体各器官和机能系统的超负荷适应能力训练，旨在产生机能和心理适应能力，以达到提高整体运动能力和培养顽强拼搏精神的目的。

在排球运动员竞技能力构成因素中，体能起着举足轻重的作用。纵观世界排坛的发展历史，一支排球队要获得优异的成绩，必须做到体能、技能及比赛经验（包括良好的心理训练水平）三者高度统一协调的发展。而这三者中，体能是基础。没有高度发展的体能，就不可能掌握精湛、高级的技术；没有超群的技术，就没有在世界重大比赛中夺魁的可能。在夺取胜利的道路上，运动员的体能起着重要的作用。因此，体能训练是排球运动员训练中必不可少的内容之一。

排球运动员的体能是指其身体的运动能力。排球运动员在比赛中所表现出的身体运动能力，是其身体形态特征、机体机能水平和专项身体素质的综合运用。

排球运动员的身体形态特征是指运动员身体的长（高）度、围度和身体成分等指标的构成特征，专项身体素质是运动员在比赛中完成运动动作所表现出的速度、力量、耐力、灵敏、柔韧和协调能力，身体的机能水平是指运动员的身体健康状态、有机体各器官系统的机能、运动员有机体承受大负荷训练比赛的生理抗疲劳能力和恢复能力。

（二）体能训练的意义

运动训练学中所称的竞技能力也称为比赛能力，它是运动员的体能、技能、智能和心理能力的有机结合。其中体能是运动中竞技能力的基础，是竞技能力的重要组成部分。运动素质是体能在某一方面的表现，是运动员心理意志品质的再塑工作，比赛实践对运动员体能的要求永无止境，应努力达到最高限度，以促进运动技术水平的不断提高。

体能是人体各器官系统的机能在体育活动中表现出来的能力，包括力量、速度、灵敏、耐力和柔韧等基本的身体素质以及人体的形态和基本的活动能力（如走、跑、跳、投掷、攀登爬越、悬垂和支撑等）。排球运动员的体能训练主要是为了提高各项身体机能，改善中枢神经系统及内脏器官的机能，使其能适应排球技战术发展的需要，保持良好的竞技状态，延长运动寿命，防止伤害事故的发生。

体能是掌握排球运动技术的基础，良好的体能是不断提高排球运动技战术水平的重要保证。现代排球运动对抗激烈，场上情况复杂多变，并且向着全、高、快、变的方向发展，这就对运动员的各项身体机能提出了更高的要求，体能训练的重要性也就显得尤为突出。发展与提高运动员的体能必须通过有计划、有目的的科学训练才能实现。

（三）体能训练的生理学依据

为使体能训练取得良好的效果，在选择方法和手段时必须考虑排球运动比赛对身体素质和身体机能的要求，而这种要求必须符合运动生理学原理。

从能量代谢的角度看，人体工作时的能量来自3个供能系统：一是无氧非乳酸供能系统（ATP-CP系统），它可使肌肉活动在较高的水平上持续5～10秒，如短跑；二是无氧乳酸供能系统，是在无氧的情况下进行分解以释放能量，它主要在ATP-CP系统功能消退后参加工作，工作时间在20～30秒，有时持续1～2分钟，如400米跑项目；三是有氧供能系统，即在氧气充分供应的情况下提供能量，往往持续2～3分钟或更长时间，如长距离的运动项目，有氧供能是基础。

排球运动比赛属于间歇运动形式，即短时间爆发式的身体运动被短暂的间歇休息分隔开。短时间、爆发式的扣球、拦网主要是无氧非乳酸系统供能；而短促地动作重复或连续地多回合争夺，则是无氧乳酸系统供能居主导地位。从这个角度来看，排球运动主要取决于无氧供能系统的供能能力，但从排球运动比赛无时间限制，势均力敌的比赛时间可达两个小时以上这点看，提高有氧供应能力同样不容忽视。由此可见，三套供能系统构成了排球运动员身体活动供能的结构体系，排球运动员的体能训练都应该围绕着三套供能系统以及结合排球专项运动的特点来展开。

根据心率对运动负荷强度划分的理论，排球运动比赛的负荷基本上属于中等强度的负荷。由于排球运动比赛的时间长，对抗激烈，且技术动作复杂多变，对运动员的中枢神经系统、心血管系统和呼吸系统都提出了更高的要求。

二、排球运动员体能训练的方法

为了使身体训练取得良好的效果，在制订训练计划和选择训练方法时必须以排球比赛的性质特点以及对身体机能的要求为依据。常采用的训练方法有以下几种。

（一）重复训练法

重复训练法是指在单位时间内采取某种形式的身体训练并达到较大的运动量后，休息到疲劳消除，然后重复进行同样形式和内容的训练。重复训练法的特点在于训练的系统和部位相同，通过反复练习（一般进行5～10组），为运动员日后提高训练负荷打下基础。如连续扣球20次×5组，全速跑100米×6次等。

重复训练法选择负荷的标准是不降低动作要求，如动作的速度不减，节奏、高度、难度不变等。排球运动员各种身体素质的训练都可以用重复训练法，其中对速度、力量、耐力等素质，更适合重复训练法。

（二）间歇训练法

间歇训练法是指在重复练习之间有严格的时间间隔。其特点是在没有完全消除疲劳的情况下，就开始做下一次练习，以增大运动负荷，从而促进相应的器官系统得到更好的锻炼。例如，连续蹲跳20次，休息2分钟，再重复20次×5组；又如9米往返跑5次，休息1分钟，再重复5次×8组。

间歇训练法对提高各种专项耐力都有明显的作用，如提高弹跳耐力和移动耐力等。因此，这种训练法符合排球比赛运动负荷的特点。一般来说，负荷强度最高达到运动员最大心率的90%，间歇结束时，脉搏应恢复到130次/分钟左右，若间歇后，脉搏仍在140次/分钟，则应调整训练的内容。

（三）循环训练法

循环训练法是指在某一时间段内，把许多单个的动作，按一定的顺序编排串联起来、反复练习的一种方法。循环训练法的特点在于将不同的训练内容安排在一起，获得全面的训练效果，采用按不同身体部位顺序间隔安排训练能起到积极合理的休息作用。多次反复循环，使某一部位或某种身体素质得以反复加强，并因手段多样而能提高训练的兴趣和积极性。例如：

（1）杠铃向前方快速推举30次。

（2）仰卧举腿收腹30次。

（3）负杠铃连续蹲起20次。

（4）杠铃杆臂弯举20次。

（5）垫上快速体后屈25次。

（6）原地起跳摸高，连续15次。

（7）拉力器由上向下划臂。

（8）直腿提铃体后屈。

（9）多级蛙跳。

循环训练的内容既可以全面多样，也可以一个或两个内容为重点，其他内容为辅。循环训练既可以用来发展肌肉的力量和耐力，也可以发展心肺耐力等其他能力，其效果在很大程度上取决于训练项目的设计。一般来说，循环训练法用来提高肌肉力量和肌肉耐力的效果较好，对提高心肺系统耐力和柔韧性的效果较差。

三、排球运动员体能训练的内容与要求

（一）内容

体能训练要根据排球运动的特点，采用专门的手段来发展与排球运动有直接关系的专项身体素质、身体机能和身体形态，体能训练的主要内容是运动素质训练。

排球运动员的体能训练分为一般体能训练和专项体能训练。一般体能训练是指根据专项体能的需要，在运动训练中以各种身体练习的形式、训练方法和手段来提高运动员全面的基础运动素质、增强各器官系统的一般机能和改善身体形态、掌握一般体能训练的理论与实践知识，为运动员专项体能最大限度地提高打好多方面的基础。

专项体能训练是指以专项运动动作或与专项运动动作在特点上相似的运动动作为练习形式，采用各种训练方法和手段，提高专项技战术所需要的专项运动素质、机体各器官系统的专项机能，形成专项身体形态，掌握专项体能训练的理论与实践知识，最大限度地提高运动员的专项运动成绩。从提高排球运动员专项运动素质的角度来看，其内容主要有：

（1）力量素质。包括腰腹力量、脚踝力量、手臂力量、手指、手腕力量等。

（2）速度素质。包括反应速度、移动速度、起跳速度、挥臂速度等。

（3）弹跳速度。包括原地弹跳、助跑弹跳、连续弹跳等。

（4）耐力素质。包括移动耐力、弹跳耐力、速度耐力等。

（5）灵敏耐力。包括腿、手、腰、腹的协调配合能力及场上的灵活应变能力等。

（6）柔韧耐力。包括肩、髋、膝、踝、腕等关节活动的范围。

（二）基本要求

1. 体能训练必须全面安排

排球运动需要全面的身体素质，且各身体素质间又彼此联系，相互依存、相互促进，因此在体能训练中要全面安排。如发球、扣球时需要上肢和腰背肌的爆发力；原地或助跑起跳时需要下肢爆发力和灵活性；有球或无球时的移动需要腿部力量和耐力等。排球运动比赛攻防转移快，来球的路线、速度、方向不定，需要运动员有高度的灵活性和反应能力，且各身体素质间彼此要有联系。因此，在训练中要全面安排好各项素质的训练。

2. 系统科学地安排体能训练比重

一般来说，青少年运动员体能训练的比重要大些，成年运动员可相对小些。训练的不同阶段，体能训练的比重也应有所不同，如冬训时体能训练就应小一些。训练的不同阶段对体能训练的侧重点也不同，如青少年多进行全面训练，赛前阶段坚持力量训练等。

3. 处理好与技战术训练的关系

体能训练与技战术训练，既不能互相对立，也不能互相替代。体能训练是整个运动训练中不可缺少的组成部分。体能训练的内容、手段和方法，应紧密结合排球运动技战术的要求，使体能训练有效地满足技战术对体能的要求。

4. 合理安排体能训练的时间和运动负荷

运动员在大脑皮质处于良性兴奋和精力充沛的状态下进行体能训练效果最佳，也不容易受伤。同时，运动负荷安排要合理，既要有一定的强度和密度，又要科学地掌握间歇和休息。

5. 加强体能训练的针对性

教练员在进行体能训练时要善于发现和掌握运动员的个体差异，并采取有针对性的训练手段与方法。不加区别地采用同一训练手段和方法，难以取得好的训练效果。因此，在体能训练中要注意因人而异，区别对待。

6. 体能训练的方法和手段要多样化

单调的训练方法使训练枯燥乏味，影响运动员训练的积极性，也不能适应排球运动对体能的要求。对于同一训练内容也要不断变换训练手段与方法，提出不同的要求，如采用竞赛、游戏、测验、评比等方法，激发运动员的训练欲望，才能收到良好的训练效果。

四、体能训练的发展趋势

（一）重视科学选材和科学训练

科学选材主要是运用遗传学理论，结合排球运动的专项要求，探索对排球运动员形态、心理、智力测试和评价选材指标及方法，选拔在排球运动项目上有杰出才能和发展潜力的专门人才。科学训练主要是通过对排球运动训练的状态和规律的探索，根据排球运动的特点和训练任务，研究如何采用专门的训练方法和手段，有效的发展专项所需的各种特殊体能、技能、智能和心理能力，为直接促进排球运动员竞技能力的全面提高和发展创造条件，同时也包括对影响训练的因素，如运动负荷、训练效果的评定，以及训练与竞赛的关系进行研究。

（二）运动生理学和现代医学为排球运动的体能训练提供了科学依据

在当今竞技运动为夺取金牌而拼搏的热潮中，运动生理学也必须为运动实践服务。为此广大运动生理学工作者走出实验室，到运动场做现场的研究。如监测运动员的生理机能，合理安排运动负荷，探讨加速运动员体能恢复的手段，在不同时间间隔内测量乳酸的含量，为加大运动强度提供依据，研究心肺功能，为运动训练提供参考等。

肌肉收缩强度与运动员负荷的研究成果显示，只要在运动员身体能承受的范围内，运动负荷越大训练效果越好，但问题是多大的运动负荷是最适合的。训练初期运动能力的提高主要是心肺功能的改善，而高水平运动员能力的提高则主要与骨骼肌的运动能力有关，骨骼肌对大运动负荷训练的承受能力高于心脏的承受能力。目前正在进行或即将进行的研究内容有：运用分子生物学手段研究运动与基因表达，运动与细胞和能力代谢，运动与自由基和脂质过氧化反应等。应用扫描电镜在平面分析的基础上，根据立体学原理和技术，从结构的二维图像上推导出三维结构参数的立体定量分析。应用透射电镜通过X线衍射技术对多种细胞器进行较深入的研究，运用核磁共振成像技术评定运动损伤、肌肉体积等形态学指标变化，运用核磁共振谱分析测定机体内的代谢过程，运用同位素研究手段观察机体代谢的动态变化等。可以预测，随着新学科的渗透和新的高新技术手段的运用，运动生理学服务于排球运动体能训练的领域将会更加广泛。

（三）运动生物化学的发展对排球运动员体能训练的影响

机体在运动时体内发生的一系列生理变化，如肌肉收缩、神经冲动传导、激素分泌、耗氧量增加等都是以物质代谢和能量代谢为基础的。运动生物化学着重从代谢的分子水平上进行研究，探索运动时代谢反应与生理机能的关系。生物化学的研究成果可以为排球这种特殊的运动提供科学的锻炼依据，从而更好地指导人们进行排球锻炼和运动训练，提高排球运动的科学性和有效性。

排球运动既是一项间歇式运动，即短时间爆发式的身体运动被短暂的间歇休息（暂停、换人、局间休息、死球等）分隔开来的运动；也是由多次、短促、完整用力的有球技术（传垫、发、扣、拦）和较长时间强度稍低的无球技术、准备姿势、移动所组成的间歇式运动；又是以有氧供能为基础，有氧与无氧相结合的运动。

第二节 排球运动员专项身体素质训练方法

一、力量素质训练

（一）力量素质的重要性

力量是指人体或人体某部位肌肉紧张或收缩时所表现的能力，它反映出人体对阻力的克服程度。从运动生理学的角度来讲，就是反映运动员肌肉收缩的程度。力量是人体活动的基本因素，运动员的力量素质是发展身体各项技能的基础。排球运动所需的爆发力、速度、弹跳耐力等无不以力量为基础。力量素质还与其他素质有密切关系。力量是耐力增长的一个因素，且适宜的力量可以控制人体抵抗地心的引力，更快地操纵身体各部位，故也有助于灵敏、协调的发展。因此，有效地进行力量训练对提高排球运动水平具有极为重要的意义。研究表明，排球运动员的水平越高，其力量训练水平也越高，即高水平的运动员经过训练，摒弃了排球运动不太需要的肌群力量，而发展了那些排球运动所必需肌群的力量。

（二）力量训练原则

1. 大负荷原则

大负荷就是以最大负荷或接近最大负荷进行训练。当肌肉、肌群对抗最大或接近最大阻力练习时，能最有效地发展肌肉的力量，使肌肉最大程度地收缩，从而刺激肌肉产生相应的重量适应，导致肌力增加。较小的负荷只能使肌肉保持原有的力量水平。

2. 渐增负荷原则

在力量训练中，由于力量水平的不断提高，原来的大负荷已不再是大负荷，因此要不断提高负荷，使训练中经常处于大负荷工作。

3. 力量练习安排的顺序原则

力量训练中，因为小肌群容易出现疲劳，为了保证大肌群的大负荷，必须在小肌群出现疲劳前，使大肌群受到训练。例如，以负重蹲起训练腿部力量，达到相当重量或次数时，想要重点训练的股四头肌并没有达到疲劳程度，而腰背较小的肌肉已不能坚持训练。所以，训练时应注意采用适当的方式避免在疲劳之后立即进行负重蹲起的训练，使股四头肌产生一定程度的疲劳之后，立即进行负重蹲起的训练，使股四头肌达到所需要的疲劳程度，或与其他肌肉同步疲劳，从而得到最大限度的锻炼。同时，还必须考虑在相继的练习中不要使用同一肌群工作，以保证肌肉工作后有足够的恢复时间。

4. 符合专项特点的原则

由于力量发展有其运动体能的特殊性，因此力量练习与专项运动技术动作的要求和形式应尽可能接近。力量须对实际用到的肌群进行训练，并尽可能模拟实际运动中的运动动作。发展肌肉力量的过程是：刺激→反应→适应→增加强度→反应→增加力量。

从力量发展的过程来看，不断地增加强度能不断地提高肌肉力量，但必须注意要在一定的负荷限度内循序渐进，才能避免伤病，获得良好的效果。

二、发展专项力量的方法

（一）手指、手腕力量练习

（1）手指用力屈伸练习。

（2）手指用力做握网球练习。

（3）单手或双手传足球或篮球。

（4）身体离墙1米左右，用手指做推撑墙的动作。

（5）向下抖手腕做拍球练习。

（6）提抓铅球或沙袋练习。

（7）手持哑铃做腕绕环练习。

（8）用小哑铃或杠铃做腕屈伸练习。

（9）手指或手掌撑地做俯卧撑练习。

（二）手臂力量练习

（1）单人各种抛球练习。用前臂和手腕动作将实心球抛起用另一手接住，两手交替进行。双手背后将球抛起过头并接住。双手上抛，转体360° 接住。仰卧，双手胸前向上传球，迅速起立接球。双手持球，弯腰从胯下向后上方抛球，转身接球。

（2）双手或单手持球上举，立姿或跪姿、坐姿，直臂或屈臂做向前、向后抛掷实心球练习。

（3）双人推小车比赛，正反向运动，要求身体平直，手臂伸直。

（4）脚尖固定，两手交换支撑绕圆圈移动。

（5）手倒立推起（在同伴帮助下）练习。

（6）俯撑，手足同时离地做向侧跳跃移动。

（7）双手持哑铃做前平举、侧平举和臂绕环练习。

（8）双手持哑铃肩后屈肘上举。

（9）徒手挥臂或做掷网球练习。

（10）肩上单手或头上双手掷实心球练习。

（11）自己或在同伴的帮助下做侧手翻练习。

（三）腰腹肌、背肌力量练习

1. 单人徒手练习

（1）仰卧起坐、俯卧体后屈、侧卧抱头侧上屈、仰卧举腿、肋木举腿等。

可徒手或负重练习，或者做仰卧元宝收腹。

（2）双手置于头上，上体做前后屈、左右屈或大绕环练习。

（3）仰卧两头起：仰卧，两手臂和两腿伸直，同时向一起靠拢，手指尖触脚背为一次。

2. 双人徒手练习

（1）俯卧，两手置背后，做体后屈，另一人固定其脚部。

（2）一人仰卧双手握住另一人踝部，做快速收腹起，另一人推其脚背。

（3）一人凳上仰卧，抬起两脚放在另一人腰旁，另一人握住其踝部，仰卧者伸直两膝用力坐起来用手拍自己的脚背面，然后双手在头后触地。

（4）一人左右侧卧起，另一人固定其脚。

（5）一人在凳上做仰卧绕“8”字回环，另一人固定其脚。

3. 实心球练习

（1）双手持球或双脚夹球，在垫上做仰卧收腹或俯卧折体起。

（2）站立或分腿坐地，双手持球做体转和上体大绕环练习。

（3）两手持球，臂上举，做以腰为轴上体后屈的腹背运动。

（4）双脚夹球跳起，将球向前、向上或向后抛出。

（5）一人仰卧于垫上，在其脚部稍远处站一同伴。同伴把实心球传给仰卧者，仰卧者接球坐起，同时将球用双手回传给同伴。

（6）坐在垫上，双手持球，从头上向背后掷实心球。

4. 杠铃和壶铃练习

（1）做抓举杠铃的练习。

（2）斜板仰卧持壶铃或杠铃片做收腹练习。

（3）肩负杠铃或手持壶铃做上体屈伸练习。

（4）肩负杠铃做体前屈、体转、体侧屈练习（小负荷）。

（5）双手举一重物（杠铃片、哑铃等），做腰绕环。

（四）下肢力量练习

（1）“矮子”步行走，要求双手摸脚后跟，行走距离视能力的提高而逐渐增加。

（2）单双脚跳绳及双摇跳绳练习。

（3）连续蛙跳、跨步跳、多级跳、单足跳练习。

（4）连续跳跃一定高度的橡皮筋或栏架。

（5）跑台阶或双脚连续跳台阶。

（6）双足纵跳在空中转体。

（7）站立，两脚交替上踢，膝触胸。

（8）两人相向后排防守准备姿势，连续侧滑步移动并做双手胸前传球练习。

（9）双脚夹球，跳起后小腿屈向上抛球后用手接球。

（10）在海滩、沙地或木屑跑道及软垫上做各种跳跃练习。

（11）肩负队员后排防守准备姿势起、全蹲起或左右脚交替做高凳上下练习。

（12）杠铃负重后排防守准备姿势快速提踵。

（13）脚挂壶铃，做小腿屈伸练习。

（14）肩负杠铃坐在凳上，站起，连续做若干次。

（五）力量训练应注意的问题

（1）根据力量增长快消退也快和增长慢消退也慢的规律，力量训练应循序渐进，训练负荷逐渐增加。当队员对某一负荷适应后，应增加负荷刺激，使运动员始终处于不适应状态，不断打破旧的循环，建立新的循环。大负荷训练能使肌肉最大程度地收缩，从而刺激肌肉产生相应的肌力，使肌力有所提高。实践证明，每周安排一两次力量训练可保持已获得的力量，只有坚持全年训练，才能使力量得以逐步增长。

（2）力量训练一定要全面。上下肢、前后肌群要平衡发展，离心收缩与向心收缩要成比例，主动肌、协同肌与对抗肌的放松练习也要纳入力量训练计划中。在一节力量训练课中，其安排应循序从大肌群训练至小肌群训练，在常年或多年的训练过程中应坚持小肌群训练的不间断性。

（3）力量训练应实行集中与分散刺激相结合。每次力量训练集中于某一部位效果会较好，因为集中刺激会给机体留下较深的痕迹。但集中刺激过于频繁会使局部肌肉产生疲劳甚至受到伤害。所以，不能每次训练都只集中在某一部位，只有将集中刺激和分散刺激结合起来才能使身体各部位的力量协调发展，相互促进。

（4）训练手段和方法力求多样。任何长时间、单一的练习方法都会使队员感到枯燥甚至厌倦，单一练习手段对队员机体的训练不可能是全面的。为了提高队员练习的兴趣，全面增强队员的身体机能，应根据力量训练的任务，结合队员的身心特点，力求训练手段和方法新颖、多样化。

（5）力量训练要因人而异。根据不同年龄、形态、场上位置、个体特征等因材施教，循序渐进。在少年期，应主要以克服自身阻力的形式，逐步提高受负荷的能力，多采用动力练习，以发展一般力量训练为主。在青少年性发育初期阶段，应尽量避免对脊柱有负荷的练习，用提高动作速度和改善肌肉协调功能来提高速度力量。在16～18岁阶段可逐步承受最大力量的负荷训练。力量训练应在精力充沛时进行，身体疲劳时进行力量训练容易受伤，负荷大或达到极限时，一定要加强保护，避免伤害事故的发生。

（6）在力量训练中要突出速度因素。不要片面追求负荷量和难度，关键是在动作正确的情况下选择适宜的负荷强度，重点突出速度。

三、速度素质训练方法

（一）速度素质的理论分析

速度是指在单位时间内完成某个动作或位移某段距离的能力。排球运动中的反应、起动、移动、传球、垫球、发球、扣球和拦网等技术都需要在快速中完成动作。因此，速度素质对排球运动员来说具有特殊的重要性。首先，速度与神经系统的调节作用有关，这与大脑皮质神经过程的灵活性即兴奋和抑制转换的速度有关。人体要活动，肌肉就会收缩，而肌肉的收缩是受神经支配的，这时神经过程由抑制转为兴奋。神经过程灵敏性好，反应速度就快；反之，神经过程灵敏性差，反应速度就慢。其次，速度还与肌肉活动的协调性有关。肌肉各肌群之间的协调性的改善，可以提高速度。因为肌群的协调使肌群之间的阻力减小，对外部而言，则使人体各部位运动速度大大提高。速度还取决于力量、灵敏和速度耐力等身体素质的发展水平，特别是取决于爆发力水平。因此，有效提高这些相关素质的水平，能提高速度素质。关节灵活性，有助于肌肉拉长能力的提高，也有助于速度素质的提高。肌肉的放松能力，即完成动作时不过分紧张的能力，也有助于速度能力的发挥。在排球运动场上速度的特点是：定向与变向相结合的速度；是以球或人的动作为信号的；短距离的移动多。

排球运动中的速度分为反应速度、移动速度和动作速度。

（1）反应速度，指对外界刺激的反应快慢。它是运动员赶在对手之前以最大速度对教练员和学生给的信号、比赛情况的变化等估计情况作出和实现最有利的决定的基本前提。例如，看到扣过来的球到开始接球时的神经传导时间和肌肉收缩的必需时间。

（2）移动速度，指在单位时间内身体移动的距离。

（3）动作速度，指完成一个动作或成套动作的速度。例如，扣球时的挥臂速度、起跳速度或翻滚垫球时的翻滚速度等。

（二）发展专项速度的方法

根据排球运动场上的速度特点，提高排球运动员的速度，主要是提高肌肉收缩的速度。一般常用的方法是：

1. 反应速度的练习

（1）看手势或其他信号向各个方向起跑。预备姿势可以是站姿，也可以是坐姿、跪姿或卧姿。

（2）全队队员分两队面对站立，相距1米左右，看教练手势或其他信号做追逐跑练习。

（3）冲刺钻球。教练员抛垂直球，队员定点起动，力争在球落地前从球下钻过。教练员也可以将球突然放手，让球下落并反弹起来，队员在第二次球落地前从球下钻过。

（4）冲刺接球。教练员单手将球高举，队员在3米处准备，当教练员突然抽手让球掉下时，队员冲跑在球落地之前并将球接住。

（5）一名队员任意抛球，另一名队员迅速移动接球后抛回。或一名队员抛球，两名队员轮流接球，也可由一名队员抛球，其他队员绕过若干障碍物将抛出的球接住。

（6）转身接球练习。队员面对墙站立，教练员向队员后方掷出各种变换球的同时发出信号，让队员转身将球接住后再抛给教练员。

（7）垫墙上反弹球。队员面对墙2～3米站立，做好准备，教练员从队员身后突然将球扔到墙上，要求队员将反弹回的球垫起。教练员扔球的角度要根据运动员的反应能力而定，并掌握好练习的难度。

（8）追赶同伴练习。全队做圆圈跑动报数，做好追人的准备，教练员随机喊1或2，被喊到的队员立即加速追赶前面邻近的队员，要求在外圈一圈之内追到。

（9）主动与被动拦网。两名队员隔网相对站立，一人主动甩开对方跳起拦网，另一人力争不被对方甩掉，而与其同时拦网。

（10）运用视觉或听觉信号，做出各种快速起动、冲刺、移动、变向、急停和跳跃练习。

（11）从各种距离看手势起跑及冲刺比赛：

①绕过后面的队员做冲刺跑。

②绕过后面的队员做一圈半冲刺跑。

③绕过前面的队员做冲刺跑。

④绕过前面的队员后，再踏起跑线后做转身冲刺跑。

⑤前面队员绕后面队员一圈后，后面队员接力起跑冲刺。

⑥后面队员绕过前面队员后，前面队员起跑冲刺。

（12）两名队员各站在篮球板的两个角下，看教练员手势起跳单手（或双手）摸篮板，然后移动摸罚球线（或排球场端线），如此往返3～5次，看谁完成的速度快。

（13）移动截球。教练员在网前，队员在中场准备，教练员向各位置抛出各种变化球，要求队员判断移动，在球未出半场或落地之前将球截获。

（14）队员背对墙面站立，自己对墙抛球并迅速转身将反弹球垫起。

（15）躲避球击。全队队员分成两队，一队站场内，另一队站场外，场外队员用一球（或多球）掷向场内队员，场内队员移动躲避，被击中者出场或加入场外队，直至场内队员全被击中。

2. 移动速度练习

（1）原地快速跑计时练习。

（2）做原地小步跑或高抬腿跑时，根据教练员发出的信号，突然向前加速跑出的练习。

（3）结合排球场地练习各种移动步法。向前做小步跑或小碎步跑；向两侧做滑步或侧交叉跑；向后做后退跑或结合视、听觉信号做各种移动的互换练习。

（4）看手势快速起动，在进攻线和中线之间或端线和进攻线之间往返快速移动。

（5）36米移动。队员站在进攻线后看信号起动，前进时必须用双手触及中线，后退时双脚必须退过进攻线。前进、后退两个来回后接侧身滑步或交叉步移动（不许转身）两个来回，用单手触线，然后做钻网跑。单手触对方场区进攻线，折回时单手触出发线。

（6）根据教练员发出的视、听觉信号迅速起动、移动和制动，看哪个队员在规定的时间内移动距离长。

（7）“米”字形快速往返移动。

（8）跑中变方向：

①队员站在距离教练员10米的位置，看手势轮流起动跑向教练员。在离教练员2～3米时，教练员突然给两侧手势，队员不减速朝指定一侧跑去

②同上，从6米处自动后退跑向教练员。距2～3米时，教练员发出口令同时做方向手势，队员听口令转身朝指示方向一侧跑去。

③两队员相距2米，看手势迅速起动冲向教练员，冲出3～5米后，教练员突然给两侧手势，如指向右时，则左边队员向中追右边队员，要求在10米内追上。

④第一排5、6个队员成纵队直线跑，看手势向两侧跑，看谁先冲出边线。

⑤同上，从后退开始，听口令转身，同时看手势向两侧跑。

⑥全队相距2米，成两行跑，看手势向两侧互追。

⑦同上，成两行后退跑，听口令转身，同时看手势向两侧互追。

（9）在网前3米快速移动接起跳拦网练习。

（10）排球半场对角线冲刺跑。

（11）移动拦网后，后退垫球，再助跑做起跳扣球的组合练习。

（12）前后、左右连续移动做垫球、传球练习。

（13）扣球、拦网、调整传球、防守、扣球的组合练习。

3. 挥臂速度练习

（1）徒手连续快速挥臂练习。

（2）扣吊球。要求动作放松，并有后振动作，抽打时肩部向上伸展。

（3）快速挥臂以扣球动作鞭打标志物，如树叶，树叶应在扣球手臂上方最高处，鞭打时肩部向上伸展。

（4）手持篮、排、足球或羽毛球、乒乓球掷远。

（5）两人一组，相距10米左右，相互单手肩上掷排球，要求以挥臂扣球的动作掷球，并且使球出手后与地面近似平行飞行。

（6）以扣球手法，在助跑起跳后挥甩网球、垒球或羽毛球。

（7）做轻杠铃的提、屈、挺等快速练习。

（8）两人一组，相距5～6米，单手掷实心球。

（9）结合球做挥臂练习。采用一人抛球，另一人扣球，在肩的前上方要有一根橡皮筋或绳代替排球网，每组扣30次，两人交换。

4. 起跳速度练习

（1）连续跨跳、单足跳或蛙跳。

（2）连续做徒手助跑起跳扣球练习。

（3）连续跳跃3～5个栏架或一定高度的橡皮筋，要求脚落地后立即跳起，连续性和节奏感要强。

（4）连续起跳拦快球10～20次。

（5）在30厘米台阶上跳下10次，计时。

（6）连续跳3～5个不同高度的栏架或橡皮筋，要求连接的速度要快。

（7）教练员按规定的节拍左右移动横杆，队员穿沙衣或手持重物跳跃横杆。

（8）连续起跳扣半快球10～20次。

（三）速度训练应注意的问题

（1）速度的提高不如力量训练的增长明显，所以速度训练要保持经常性，并对提高动作速度不断地提出具体要求。

（2）速度训练应安排在队员中枢神经系统处于良性兴奋状态时进行，否则动作的协调性将受到影响，快速完成练习的能力也会丧失。在每次课的前半部分，在适应性练习后进行速度练习效果较好。训练中应结合排球运动的特点练速度，应多采用视觉信号，让队员做出相应的反应动作。

（3）专项速度练习要和专项技术训练紧密结合。专项速度练习可以帮助队员建立专项条件反射，从而能更快地提高专项技术的反应速度。实践证明，反应速度是结合排球场地和球来进行的，比单纯练习提高的速度快。所以应结合专门技术练速度，与所采用的技战术特点相适应。

（4）应以多种手段提高速度素质。要利用与速度素质相关的其他素质促进速度素质的提高，特别是通过力量素质的训练来提高速度素质。

（5）在进行速度训练时要注意运动员的年龄和性别差异。初中学龄段是发展速度素质的敏感期。这个年龄段的队员中枢神经系统的兴奋占优势，骨骼增长迅速，柔韧素质相对较好，这些都为提高频率、增大动作幅度提供了条件，应抓住这一时期，特别重视速度训练，积极发展队员的速度素质。

（6）速度训练可遵循超负荷原则安排在负重力量训练后。利用肌肉剩余兴奋的惯性动员更多的肌纤维参与运动。既可发展力量，又可发展速度，使神经始终处于灵活控制中，防止产生动作僵硬和不协调。例如，在进行杠铃训练后立即转入徒手的、与所运用的技术动作相似或相同的练习。利用肌肉剩余兴奋的惯性动员比平时徒手练习时更多的肌纤维参与运动，从而提高运动能力。

（7）速度训练要防止产生不良影响的积累，如做完速度较慢的练习后要安排速度较快的练习，形成训练的良性转移。

四、弹跳力素质训练方法

（一）弹跳素质的理论分析

弹跳力是指人体蹬地所完成的与地面之间产生一定距离的能力。它反映人对地施以一定的力量后所克服地球对人体引力的程度。

弹跳过程就是人体给地面一个力，使地面产生一个大小相等、方向相反的作用力，即支撑反作用力，这个力使人体获得加速度直至离开地面腾空而起。地面对人体的支撑反作用力是上体和手臂向上做加速度运动所引起的惯性，通过脚这个支点作用于地面而产生的地面对人体的支撑反作用力。

弹跳力的好坏，关键在于肌肉收缩力和肌肉收缩速度，即弹跳力等于力量与速度的积（$N=F\times V$）。可以看出，当速度不变时，增加肌肉的力量可以提高弹跳力；当力量不变时，提高肌肉的收缩速度也可以增加弹跳力。

在实际动作过程中，并非蹲得越低越好，因为腿部力量的发挥与关节角度有关，只有适宜的角度才能最大地发力。特别是在当前，排球运动技战术的发展对运动员弹跳力的要求不仅是跳得高，还要求跳得快，因此不仅深蹲能高跳，浅蹲也要求跳得高。这对提高弹跳的力量、速度有了新的要求，即特别要重视提高肌肉收缩速度的训练。从实验发现，运动员经过系统训练后，肌肉收缩的力量不会有成倍的差别，而收缩的速度可能有很大差别，所以应该把提高肌肉收缩的速度作为研究和训练提高弹跳力的重点。

（二）发展弹跳力的练习方法

（1）左右脚交替向前做跨跳练习。

（2）两腿深蹲连续向前做蛙跳练习。

（3）连续垂直跳起在空中做快速收腹练习。

（4）原地向前、向后、向左、向右做直膝连续跳跃练习。

（5）后排防守准备姿势、全蹲纵跳起。

（6）原地连续做直膝向上跳练习。

（7）垂直跳起在空中做转体180° 和360° 练习。

（8）单脚，前跳，落地后立即双脚跳回。

（9）高台跳下后立即做冲刺跑练习。

（10）后排防守准备姿势从高台跳下后，立即再跳过低障碍物。

（11）利用高台或跳箱做连续跳上、跳下（单、双脚）。

（12）双脚连续做左右跳过长凳前进。

（13）连续双脚跳越3～5个栏架。

（14）单、双脚向上跳跃抱膝或分腿跳，之后双脚落地。

（15）做立定或助跑1～2步的跳高或跳远练习。

（16）以跨跳步行进或双脚向斜前方跳跃，也可单脚左右交叉跨跳步前进。

（17）做双脚连续向上方跳，跳起后收腿或展腹，或前后分腿胯下击掌。

（18）双线跨跳，两条线相距50厘米。

①双脚跨出、跨进、向前或向后连续跳。

②双脚两边跨越前进跳。

③单脚两边跨越前进跳。

④左脚跨过右线、右脚跨过左线跳。

（19）从40～100厘米的高台上跳下，再迅速跳上另一高台，或先双脚跳上一高台，跳下后再立即跳上另一高台。

（20）连续做扣球或移动拦网练习。

（21）从高台上跳下后，立即再跳起做拦网或扣、吊球。

（22）做后排助跑起跳挥臂向对方场区掷垒球练习。

（23）做结合排球的各种起跳练习。

①做摆臂与起跳的模仿练习。

②做摆臂与起跳的节奏练习。

③做助跑与踏跳的结合练习。

④做助跑与起跳空中平衡与滞空能力的练习。

⑤做变向助跑起跳与跑动助跑起跳扣球练习。

⑥做连续助跑起跳与跑动助跑起跳扣球练习。

⑦做跳起空中连续拦扣球的练习。

⑧网前连续移动追拦吊球。

⑨45° 角快速助跑至网前起跳，在最高处接抛球。

⑩低网原地起跳扣自抛球。

（24）原地或助跑起跳摸篮球板（或一定高度的物体）。

①跳起单手连摸。

②跳起两手交换摸。

③跳起两手同时摸一个位置后换摸另一个位置。

（25）两人跳接球练习。要求在空中跳接后立刻在空中传出。

（26）连续两边来回移动起跳。

①摸篮板的两个角。

②摸两个吊球。

③双手拦同伴在网上举着的两个球。

（27）肩负杠铃提踵。地面上放一块约5厘米厚的木板，队员前脚掌站在木板上，脚跟站在地面上，肩负杠铃，抬头，挺胸，腰肌收紧，做提踵练习，如选用大质量时，要在杠铃架上练习。

（28）肩负杠铃跳跃。用下肢最大力量的50%为负荷量，队员膝关节角度为130° ~140° ，跳跃高度为15cm，按规定的次数和组数练习。

（29）肩负杠铃后排防守准备姿势起。下蹲时身体要保持挺直，膝关节的角度不要小于120° ，杠铃质量一般应控制在最大负荷的75%左右，整个动作由下蹲至直立，速度不要过快，要慢慢地完成动作。

（30）仰卧双足蹬起杠铃。

（31）各种质量的抓举和挺举。

（32）连续快速拉起一定质量的杠铃，要充分伸展髋、膝、踝等关节。

（33）后排防守准备姿势跳起上抛3~5千克的实心球，要使用髋、膝、踝的力量上抛而不是只靠手臂的力量。

（34）助跑单脚或双脚起跳摸高，连续摸高练习。

（三）弹跳力训练应注意的问题

（1）弹跳力水平较多地依赖于力量素质，而力量素质易消退。弹跳力的训练需要多年规划和全年规划，常抓不懈。在全年计划中要安排好每一阶段的训练重点，一般情况下冬训期间弹跳力训练比重应大些，而且多采用力量素质练习的训练方法，比赛期间可减少弹跳训练，但结合排球技术的弹跳比重应增大。即便在过渡期也要保持一定的力量训练，以维持或提高队员的弹跳力水平。

（2）发展弹跳力应从发展肌肉力量开始。达到一定水平后，应注重同时发展肌肉力量和收缩速度。弹跳力水平主要是通过爆发力表现出来的，采用大负荷强度训练是提高爆发力的有效方法，但要根据具体情况因人、因时而异。初学者的弹跳力训练宜采用数量上的刺激，对有一定训练水平的队员宜采用强度刺激。在队员精力不集中或疲劳时，不能勉强进行。要充分做好准备活动，防止受伤。

（3）发展与弹跳力相关的主要肌群的速度性力量训练。即大腿前群肌肉和小腿后群肌肉组成的伸膝肌群、屈足肌群和腰背伸肌肌群的爆发力训练。同时还要注意踝关节、脚掌等小肌肉群及韧带的爆发力训练。要使身体各部位的爆发力真正为跳得高、跑得快、滞空时间长服务。在弹跳力训练中加强对协调性的训练也是必不可少的内容。

（4）要注意安排一定数量的超等长训练。发展弹跳力的方法较多，其中超等长训练是使弹跳力提高较快的一种方法。如多级蛙跳、跳越栏架、跳台阶和跳深等。但运用超等长练习方法时要慎重，要在队员有一定的力量基础时才可使用，并与其他方法结合使用，以免因过度训练而造成伤害。

（5）发展弹跳力与专项技术相结合。在弹跳力训练中所选用的练习，应与排球动作结构和用力性质相一致，这样所发展的力量无须转换，可直接运用于专项技术。因排球运动中各种击球活动的时机、方法变化较大，要想适应这些变化，就必须加强专项弹跳技术的训练。

五、耐力素质

（一）耐力素质的作用

耐力是各种身体素质的基本因素之一，也是一般竞技能力的基础。排球运动比赛是在变强度长时间的条件下进行的，因此排球运动员所需的耐力是在适当间歇的情况下长时间保持规定强度的能力。在运动中有两种形式的耐力，一种是肌肉耐力，另一种是心血管耐力。

（1）发展肌肉耐力。按发展肌肉力量的方法，采取逐渐达到极限负荷的原则，不断地使肌体的负担量超过原有的水平，就可以提高肌肉的耐久力。力量与肌肉耐力息息相关，增强力量是增长肌肉耐力的有效方法。例如：轻质量的多次重复练习，穿沙衣蛙跳200米等都能发展肌肉耐力。

（2）发展心血管耐力。心血管耐力是指肌肉活动中循环系统长时间供应氧及排出代谢产物的能力，对提高排球运动水平起着重要的作用。发展心血管耐力经常采用的方法有：800米、1500米、3000米跑、越野跑、踢足球、打篮球和爬山等，简便易行，锻炼效果好。

（3）耐力增长可使大脑皮质的机能长时间保持兴奋与抑制的节律性转换，使肌肉与肌肉之间、肌肉与内脏器官之间的协调性加强。

（二）耐力素质训练方法

（1）发展肌肉和心血管耐力，常采用循环训练法、重复训练法和间歇训练法，其中间歇训练法效果最好。间歇训练法就是在进行重复工作时，各次重复之间有一个短暂的休息间隔，这种方法的主要目的是提高吸氧量。提高运动量，增强耐力的方法有：

①增加重复次数。

②增加每次重复的时间。

③提高每次重复的强度。

④缩短间隔时间。

（2）采用专门练习发展排球运动员的专项耐力。例如，低姿移动3分钟为一组，连续若干组；单人防全场连续防起50个好球；单人在4号位连续扣球50次；或分队比赛进行8～10组。在选择耐力素质训练时，还应注意以下几个问题：

①在全年训练计划中，耐力应作为一个基础素质来安排。通常在冬季多安排一般耐力的训练。在夏季和赛前可减少一般耐力的训练，增加专项耐力的训练。

②耐力消退较快，须经常保持耐力训练，每周至少保持一次有一定强度的耐力训练。

③耐力训练要结合实战的需要，在各种技战术和身体训练中要注意耐力的提高。各种技战术和身体训练只要安排得当都可以提高耐力。

（三）发展专项耐力的练习方法

1. 弹跳耐力练习

（1）连续小负荷、多次数的力量训练。

（2）规定次数、时间、节奏的跳绳，如5分钟跳绳练习。双脚双摇跳30秒，左脚弹跳1分钟，右脚弹跳1分钟，完成两个循环正好5分钟（可根据训练水平调整负荷）。

（3）连续跳上、跳下台阶或高台。

（4）连续原地跳起单手或双手摸篮板或篮圈。

（5）连续收腹跳8～10个栏架。

（6）30米冲刺跑10次，每次间歇15～20秒。

（7）用本人弹跳80%的高度连续跳20～30次为一组，跳若干组，组间休息2～3分钟。

（8）个人连续扣抛球10～20次为一组，扣若干组，组间休息3分钟。

（9）两人轮流连续扣抛球30～50次为一组，组间休息2～3分钟。

（10）3～5人一组，连续滚翻救球，每人30～50次。

（11）扣防结合练习，队员扣一个球退到进攻线防守一个球，连续进行10～15次为一组。

（12）连续移动拦网，队员在3号位原地跳起拦两次，落地后移动至4号位拦一次，再回到3号位拦一次，移动到2号位拦两次，再回到3号位拦两次。做2～3个循环为一组。

2. 移动耐力练习

（1）看教练员的手势连续向右前、前、左前方进退移动，2～3分钟为一组。

（2）36米移动。队员站在进攻线后看信号起动，前进时双手必须摸到中线，后退时双脚必须退过进攻线，前进、后退两个来回后接侧身滑步或交叉步移动（不许转身）两个来回，用单手摸线，然后做钻网跑。单手摸对方场区进攻线，折回时单手摸出发线。

（3）连续跑动滚翻或鱼跃救球。

（4）队员连续移动接教练员抛出的不同方向、不同弧度的球。

（5）单人全场防守，要求防起15个好球为一组。

（6）队员连续移动接教练员掷出的不同方向、不同距离的地滚球。

（7）个人连续跑动传球或垫球10~15次。

（8）30秒移动，距离3米左右，连续做5~8组，中间间歇15秒。

3. 综合耐力练习

（1）身体训练以后再进行排球运动比赛或比赛以后再进行身体训练。

（2）技术训练以后再进行篮球或足球比赛。

（3）象征性排球比赛模仿练习。队员从1号位防起一个扣球之后，前移防起一个吊球，再移动到6号位调整传球一次，移动到5号位防一个扣球，再移动到4号位扣一个球，移动到3号位做一次拦网动作，后撤上步扣球，再移到2号位。一次单脚起跳扣球为一组，连续做若干组。

（4）连续打5~7局或9~11局的教学比赛，可训练比赛耐力。

（5）按场上轮转顺序，在6个位置上做6个不同的规定动作，连续进行若干组。例如：1号位跳发球→6号位左右补位移动救球→5号位滚翻防守救球→4号位扣球→3号位拦网→2号位后撤鱼跃救球。

（四）耐力训练应注意的问题

（1）耐力素质属于基础素质，应在全年训练计划中作好统筹安排。通常多在冬训或一年训练之初安排一般耐力的训练，作为全面训练的基础，在夏训和赛前可减少一般耐力的训练，增加专项耐力的训练，在比赛期间要酌情安排专项耐力训练，但不宜过多。

（2）耐力训练应注意年龄特点。队员在身体发育成熟前，应着重发展其有氧耐力，而不宜做大量无氧耐力的训练。对这一阶段的少年儿童，可视情况适当穿插一些无氧耐力训练，但其强度不能超过大强度，重复的次数、组数要少，组间休息要充分，并以掌握较为熟练的技术动作练习为主，以免破坏技术动作结构，影响协调能力的发展。随着身体发育的不断成熟，应逐步加大无氧耐力的比例，为专项竞技能力的提高奠定基础。

（3）紧密联系排球专项运动的实际，各种技战术和身体训练只要安排得当都可以提高耐力，特别是在技战术训练中，在时间、密度、强度的安排上应有意识地结合排球耐力训练的要求。在形式上接近实战，在训练量上要超过实战。采用极限训练法、间歇训练法和循环训练法都能有效地促进耐力的提高。

（4）耐力训练对队员的意志品质要求较高。坚强的意志能充分发挥队员的内部动因，提高抗疲劳能力和耐力训练水平。因此，在耐力训练中，要注重队员意志品质的培养。

（5）耐力训练要持之以恒。耐力素质消退较快，要经常进行耐力训练。每周应至少坚持一次有一定强度的耐力训练，才能使耐力素质得到保持。

六、灵敏素质训练方法

（一）灵敏性的理论分析

灵敏性是指迅速改变身体或身体某部分运动速度、运动方向、运动位置和随机应变的能力，是由力量、判断能力、反应能力、移动速度、爆发力和协调性等素质结合而成。在排球运动比赛中为了完成各种攻防战术配合，每个队员必须先判断对方的意图和来球的方向，及时、巧妙地做出各种相应的动作，这就需要高度的灵敏性。

（二）发展灵敏性素质的练习方法

1. 控制性的练习

（1）两臂同时分别向前、后绕环。按教练员口令，两臂分别做不同顺序、不同起始节拍的动作。左手前平举，右手在体侧不动—左手上举，右手前平举—左手侧平举，右手上举—左手下放体侧，右手侧平举—左手不动，右手还原。

（2）两足开立和并拢连续跳跃，双手从体侧平举至头上击掌，最后还原。

（3）分足跳时，双手头上击掌，并足跳时双手侧平举。

（4）连续交换单足跳跃。前踢腿时，双手触足尖，后踢腿时，双臂上振。反复进行。一条腿前踢落地后换另一条腿后踢。

2. 垫上练习

（1）连续做前（后）滚翻练习。

（2）做左右侧滚翻练习。

（3）做鱼跃前滚翻练习和手撑兔跳练习。

（4）做直体前扑—手掌胸前击掌—推起穿腿—蹬足练习。

（5）做前滚翻—左（右）横滚动—快起—原地鱼跃—跪跳起练习。

3. 双人及多人垫上练习

（1）双人前滚翻练习。

（2）双人鱼跃横滚翻前进。

（3）三人两边交叉鱼跃横滚翻。

（4）三人两边鱼跃前滚翻练习。

4. 橡皮筋垫上练习

（1）高1米左右（也可根据队员弹跳高度确定），双脚跳起收腹，将橡皮筋踩下，再接前滚翻，或接跪跳起，或接鱼跃。

（2）做一定高度的侧手翻过练习。

（3）双脚跳过橡皮筋接跪跳起后再跳过橡皮筋。

（4）两条橡皮筋，跳过一条后接俯卧撑，跪跳起后再跳过另一条。

（5）做一定高度的兔跳从下面过，臀部不得触碰橡皮筋。

（6）一高一低两条橡皮筋，中间距离尽可能小些，做鱼跃前滚翻，从中间过，要求上下不得触碰橡皮筋。

（7）同上，兔跳过，既可以来回做，也可以从中间过去，从下面回来。

（8）同上，俯卧式跳高从中间过，再接横滚起。

（9）同上，用向侧前方鱼跃的方法从上面过后再接横滚从下面过第二橡皮筋，可来回做。

（10）同上，两次鱼跃前滚翻过，或先做兔跳过，再做鱼跃前滚翻过。

5. 弹跳板练习

（1）原地或助跑高跳，做收腹、展腹练习。

（2）做前、后或左、右分腿跳。

（3）做前屈体摸脚面。

（4）两次转体、落地后接前滚翻或接鱼跃。

6. 结合场地和球的练习

（1）根据不同信号，队员分别做快速起动、制动、变速、变向及跳跃、滚动等动作。

（2）队员做拦网落地后，接鱼跃或滚翻垫球，再上步扣球。

（3）队员做前扑—向后撤步移动—向前单足蹬地鱼跃—向侧后滚翻的组合练习。

（4）持球躺在地板上，自己向上抛球后立即起立将球接住。

（5）将球用力地向地面击打，待其反弹后从球下钻过，反弹一次钻一次，力争钻的次数多些。可以两人比赛。

（6）每人一球，连续运球从教练员拍球中钻过。

（7）三人一组，中间队员分别接两边队员的平抛球做向后倒地传球。

（8）两人一组，一人侧传另一人抛来的低平球后接滚翻，若干次后交换。

（9）两人一组，一人跳传另一人抛来的球后接着做立卧撑，若干次后交换。

（10）教练员灵活运用扣、吊或抛球的方法支配球的速度和落点，队员判断翻动取位将球回传（垫）给教练员。

（11）教练员灵活运用扣、吊球手法，将球击到边（端）线附近，队员移动垫球，接界内球，不要接界外球。

（12）网前拦网一次，转身退到进攻线救一个球，然后回到网前传一个球。

7. 游戏性的练习

（1）两人相对站立做相互躲让或击打对方背部的游戏。

（2）喊谁捉谁。在排球场内，全队分散站，教练喊谁的名字，大家一起跑过去捉他，教练突然喊另外一个队员的名字，大家又改捉另外一人，教练可以连续喊不同队员的名字，使全队队员不停地跑起来。

（3）听哨音捉人。全队分为两人一组，可任意跑动，教练吹一声哨，1数追2数，吹两声哨，2数追1数，吹3声哨大家都停住不动。

（4）“老鼠”出洞。大家手拉手站成圆圈，圈内两人为“鼠”，圈外四人为“猫”。“猫”不让“鼠”出洞，“鼠”互相配合把“猫”晃开，从两人手下钻出就算出洞一次，以出洞三次为胜。在出洞过程中被“猫”摸到，则这次出洞无效。大家轮流扮演“老鼠”和“猫”的角色。

（5）叫号折回跑比赛。队员分为三排在端线后按1、2、3、4号站好，教练员喊号，三排中被喊的队员一同跑到规定距离折回，先到者得1分。教练员既可以任意喊号，也可以重复喊号，最后得分多的队获胜。

（6）圆圈抢球。全队站成一圈，圈内2～3人，可以自由跑动，抢圆圈队员互相传的球，摸到谁出手的球就换谁进来抢球。传球的方法不限，但传球人不能移动位置，传失及接失者均和抢球的队员对换。

（7）活动球篮的篮球赛。两队篮球赛，每队由3人手拉手做成一个“篮”，可以在本队半场内自由跑动，但不能缩小篮圈，其他人可以互相传、抢球，争取投进对方的“篮”，但接球的人不能运球跑，只能传。

（8）持球跑三次后倒接力赛。全队可分为三组进行，第一人持球在端线外预备，听信号后起动，双手持球向前跑，每跑到进攻线及端线时，须后倒一次，要求球不得离手，手不得扶地，在端线外站起后把球抛回本组第二人。第二人接球后必须在端线外后倒一次，或拿球触及端线再起跑，最先跑完的队获胜。

（三）灵敏素质训练应注意的问题

（1）排球运动中的灵敏性是由判断能力、反应速度、移动速度、爆发力和协调性几种素质与排球技术结合而成。灵敏性训练要求队员注意力集中，动作准确快速，因此应把灵敏素质训练放在课的前半部分进行。

（2）灵敏性训练要注重对腰、腹、背的训练，它们是连接上下肢的纽带，各种全身活动都离不开它们的配合，它们对于身体的灵敏性起着重要的作用。

（3）灵敏素质训练应以视觉信号为主。在排球运动中，运动员的灵敏性反应多来自对已观察到的情况的判断，根据观察与判断及时地做出动作反应。所以要积极发展运动员的观察能力，提高他们神经系统的反应能力。

（4）根据年龄特点，安排好灵敏性训练。13～14岁以前，通过训练来发展灵敏素质可以取得较好的效果。15～16岁是快速生长期，灵敏性增长较慢，到18岁以后灵敏性又以稳定的速度增长。训练中要根据运动员的生理特点和实际情况，抓住灵敏性发展的规律和时机，科学地安排训练，才能得到良好的效果。

（5）灵敏性训练的内容和动作设计应考虑到排球技术动作的需要，如滚翻、前扑、鱼跃起立、起跳、空中动作、击球、转体等，应紧密结合技术的实际，使灵敏素质的提高能更有效地应用到实际比赛中。

（6）灵敏素质是由多种素质结合而成的，不是单独训练可以完全获得的，在训练灵敏性时应注意与其他素质训练结合进行，以取得更好的效果。

七、柔韧素质训练方法

（一）柔韧素质的理论分析

柔韧性是指运动员完成大幅度动作时关节的最大活动范围。它是由关节的骨结构，关节周围组织体积的大小，各关节的韧带、肌腱、肌肉与皮肤的伸展性3个因素衡量的。在排球比赛中，要求运动员的身体各部肌肉韧带和关节必须具备良好的柔韧性。例如，指、腕关节柔韧性好，能提高传球的准确性；肩关节能拉开，背弓挺出，有利于挥臂鞭打；腰髋关节柔韧性利于控制击球点的范围。总之，良好的柔韧性有利于运动员技术动作的准确，增大完成动作幅度，提高完成动作质量，防止运动损伤。

（二）发展柔韧性素质的练习方法

只要经常进行伸展性的练习，有目的地拉长肌肉和韧带，就可以有效地提高柔韧性。急速地拉长和慢张力地拉长肌肉韧带都能有效地提高柔韧性。但是，慢张力的拉长肌肉韧带既可以有意识地放松对抗肌，并使之缓慢拉长，也可以避免损伤和疼痛；急速拉长肌肉韧带可以较快地提高柔韧性，但会伴随剧烈的疼痛，且易拉伤。因此，可以多进行慢张力的拉长法，训练手段也可以多种多样。对排球运动员要重视进行增大踝、膝、髋、腰、肩、腕等关节活动范围的训练。

1. 发展手指、手腕的柔韧性

（1）两手相对，指尖向上互触，反复弹压练习。

（2）压腕练习。

（3）手持短器械做腕绕环练习。

（4）队员一手侧扶肋木，两腿前后分开，脚跟着地并固定，做前、后转腕练习。

2. 发展肩关节柔韧性

（1）两臂前后绕环和上下摆振练习。

（2）手扶墙（或肋木）压肩、压腰练习。

（3）在单杠和肋木上做单拉、双拉肩练习。

（4）两人相对，手扶对方肩部，同时做体前屈压肩练习。

（5）背对肋木坐下，两手从头上握住肋木，两脚不动，腰尽量向前挺起，持续数秒钟。

（6）两人背向站立，双手互握，左右侧拉。

3. 发展腿部的柔韧性

（1）两腿交换做前、后、左、右摆振练习。

（2）做各种踢腿动作：向前踢、向后踢、向侧踢等，既可以徒手做，也可以扶墙、扶树干或扶肋木做。

4. 发展腰、髋的柔韧性

（1）上体弹振前后屈（后屈时加弹性阻力和保护）。

（2）双手握单杠或吊环做腰回旋动作。

（3）做队员背对背直臂互握平举或屈肘互勾的大幅度转体动作。

（4）正压腿，侧压腿（在地上或肋木上）。

（5）纵劈腿，横劈腿。

（6）屈腿坐下，两脚掌心相对，双手将膝关节向下弹压。

（7）背向双手头上握肋木，双脚固定，做腰、髋前挺练习。

5. 发展踝关节柔韧性

（1）跪坐压踝。
（2）负中等质量，踝关节做屈伸动作，如提踵。
（3）把脚放在高约10厘米的木板上，足跟着地，做负重全蹲练习。
（4）踮起脚尖，做踝关节的绕环练习。

6. 其他练习

（1）一队员仰卧屈膝，另一队员帮助侧压。
（2）一队员俯卧屈膝，另一队员帮助侧压。
（3）俯卧背后击掌和仰卧挺腰起练习。
（4）在各种凹凸形地面或器械上连续跳跃和跑动练习。

（三）柔韧性素质训练应注意的问题

（1）柔韧性素质不仅与性别、年龄有关，而且与中枢神经系统的兴奋性有关。经过一定时间的准备活动以后，队员情绪高昂，体温升高，肌肉内部的黏滞性降低，膝关节软骨增厚，所表现出来的柔韧性也较好。因此，柔韧素质的训练应安排在课的前半部分，尤其在队员精力充沛、情绪高涨时训练效果最好。

（2）柔韧性训练要适应专项的要求。排球运动所表现的柔韧性，不仅仅是指某个动作反映在身体某一关节或某一部位上，它往往牵扯到两个或两个以上的关节或身体部位。因此在训练时要对包括主要柔韧性活动区在内的各相关关节、部位进行训练。同时还要根据队员关节结构和体态的差异，结合专项技术适当加大其活动范围。但不能过度训练和提出过高的要求，避免因与技术要求不相符或过度训练引起伤害事故。

（3）应注意提高队员的协调能力。柔韧素质在某种程度上取决于运动机体的协调能力。队员在做动作时，各部位动作是否协调一致，使各部位动作按技术要求达到舒展程度，以及在完成动作中的主动肌收缩、对抗肌充分放松等，都与协调能力有关。此外，在柔韧性训练中对协调能力的培养，可以提高肌肉的舒展性，降低肌肉黏滞性，改善肌肉张力，把肌肉练得柔而不软，韧而不松。

（4）柔韧性训练要经常练习，使肌肉和韧带的伸展性不断得到发展。少年儿童的关节面角度大、软骨厚，韧带较松弛，肌肉的伸展性较好且女生优于男生，在青少年时期抓柔韧素质的训练效果好，经过训练提高快，但停止训练后消退也快。所以柔韧性训练要坚持不懈，持之以恒。

（5）气温对柔韧性有一定的影响。天气暖和，全身发热时柔韧性较好，天气寒冷，身体发冷时柔韧性差。为取得好的训练效果，进行柔韧性素质训练时，要注意外界温度的高低。当气温较低时，准备活动要充分，以身体轻微出汗为宜。

第六章
排球运动员心理训练

第一节　排球运动员心理技能训练概述

一、心理技能训练概述

（一）心理技能训练的内涵

心理技能训练从广义上来讲是指有目的、有计划地对受训者的心理过程和个性心理特征施加影响的过程。从狭义来讲，心理技能训练是采用特殊的方法和手段，使受训者学会调节和控制自己的心理状态，进而调节和控制自己运动行为的过程。

心理技能训练是现代竞技运动训练系统中不可缺少的部分，它影响和制约着运动员身体、技术、战术水平的改善和提高，可促进运动员心理过程的不断完善，形成专项运动所需要的良好个性心理特征，获得高水平的心理能量储备，使运动员的心理状态适应训练和比赛的要求，为达到最佳竞技状态和创造优异成绩奠定良好的心理基础。

（二）运动心理技能训练的性质

在体育运动中的心理技能训练简称为心理训练，其定义有广义和狭义两种理解。

（1）广义上的理解是指在体育运动中，有意识、有目的地对运动员施加影响的过程，使其心理状态发生变化，达到最适宜的程度以满足提高运动技术水平和增进身心健康的需要。

（2）狭义上的理解是指采用专门性的具体训练方法来改变运动员或学生的某一具体心理因素，以适应体育教学、训练和比赛的需要。

广义的心理训练是采用各种方法对运动员的心理施加影响的过程，着眼于心理状态的普遍适应和改善。狭义的心理训练则是采用心理调节的专门技术手段进行训练，要求提高具体的心理素质或克服某种心理障碍。在实际应用中，两种心理训练是紧密联系、相辅相成的。作为统一的心理训练概念，不应当人为地把两者割裂开。

二、心理训练的重要作用

（一）提高心理活动水平

运动竞赛的实践证明，优异运动成绩的创造和激烈比赛的获胜取决于多种因素，其中身体素质是保证运动质量的生理物质基础，运动技术是基本条件，而心理素质是两者能够发挥作用的内部动力。平时没有良好的心理训练，获得一定的心理素质水平，即使具有较好的身体和技术水平，在比赛中也难以取得好成绩。运动实践表明，心理因素是运动员或学生在教学、训练和比赛中控制、调节自己的生理活动和技术动作的主导因素。原因如下：

（1）心理活动水平太低，就不能对生理活动和技术动作进行有效的控制和调节，在这种情况下，尽管具有较好的身体素质和技术水平，也不能使其充分发挥作用。

（2）如果心理活动水平过高，充足的生理活动能量会冲击心理状态，使其心理紧张，冲击肌肉动作，使其用力过大动作变形，造成比赛或训练的失误。

因此，必须用心理训练的方法，提高心理活动的强度（激活水平），使其达到能进行自我控制、调节的水平，以适应教学、训练和比赛的需要。

（二）控制心理活动强度

运动实践表明，运动员或学生在竞赛活动中，不仅要付出巨大的体力消耗，同时也要承受极大的心理负担，良好的心理素质是身体素质、技术、战术等能否充分发挥的重要保证。在教学、训练和比赛中，要求运动员或学生具有一定的心理强度。如果心理强度不足，则无法实现对身体素质和技术动作的主导作用。但是这种心理活动的强度要适宜，不能太强，太强了会因对身体素质和技术动作的不适当调节造成失误。

在体育教学、训练和比赛中，一切运动技术动作的充分发挥都必须靠适宜的心理活动强度才能实现，也就是需要保持一定的身心力量平衡。如果失去平衡，由于身心任何一方超过了需要的限度，就会导致技术动作的变形，直接影响教学、训练和比赛的效果。因此，教师在教学和运动训练中，要对运动员或学生进行一定的心理训练，使其心理活动水平适合于身体素质、技术动作的同步发展和提高，适应比赛的要求，始终维持身心力量的协调性。

（三）掌握和改进动作技能

在体育教学和运动训练中，学生对于运动技术的学习，不单是对肌肉活动的训练，而且是对大脑的心理机能训练，运动技术的学习过程实际是智力和体力活动结合的过程。因此，心理训练和技术训练同等重要，并且二者是密切联系的。

（四）消除疲劳、恢复体力

在教学、训练和比赛中，运动员或学生承受了较大的运动负荷，因此在紧张的比赛活动和大运动量训练时，往往出现疲劳和体力不佳的情况，心理训练有助于帮助他们消除疲劳和恢复体力。心理训练还能帮助运动员或学生克服恐惧、消除紧张和心理障碍。例如，通过生物反馈训练，对于消除过度紧张、恐惧和焦虑心情有很大作用，对治疗一些疾病也有好处，如通过“脱敏训练”就可使运动员或学生比较冷静地对待比赛等。心理训练对于集中或转移人的注意力，调节和培养人良好的活动动机，发展人的意志品质等都有积极的作用。

第二节　排球运动员心理训练方法

凡是对某种心理现象施加影响，使其发生变化的措施都可以称为心理训练。在体育运动中，由于运动员专项、年龄和个体心理特点的不同，对所从事的各个专项的运动员或学生进行心理训练时所采用的方法也应当有所不同。排球运动员的一般心理训练方法大体可以分为以下几种。

一、行为主义理论式训练

（一）放松训练

这是一种专心致志地使自己身心放松的方法。运动员、学生进行一次大运动量的技术、战术训练或比赛之后，他们的体力、脑力消耗很大，在一般情况下，这种体力和脑力的恢复可以自然完成。但是，往往在大强度的训练和剧烈的比赛中，有的单靠自然休息还不能恢复体力、脑力，其产生的疲劳现象（主要是精神疲劳）都会影响训练水平的提高和比赛成绩。实践证明，进行良好的放松训练对于有效地减缓和消除疲劳有重要作用。

1. 放松训练的概念

放松训练是以一定的暗示语集中注意，调节呼吸，使肌肉得到放松，从而调节中枢神经系统兴奋性的方法。目前人们普遍采用的是美国芝加哥生理学家雅克布逊首创的渐进放松方法、奥地利精神病学家舒尔兹提出的自生放松方法和中国传统的以深呼吸和意守丹田为特点的松静气功3种放松方法。各种放松练习方法的共同点是，注意高度集中于自我暗示语或他人暗示语，深沉的腹式呼吸，全身肌肉的完全放松。

2. 放松训练的作用

（1）放松与暗示效应。放松练习后，大脑呈现一种特殊的松静状态。这种状态有别于日常的清醒状态、做梦状态或无梦睡眠状态，通俗地称它为半醒的意识状态。此时，人的受暗示性很强，对言语及其相应形象特别敏感，容易产生符合言语暗示内容的行为意向。

（2）身体放松与心理放松。人们在平时的日常生活中常有这样的体验，心理紧张时，骨骼肌也不由自主地紧张，如肌肉发抖僵硬、说话哆嗦、全身有发冷的感觉等，而当心理放松时骨骼肌也自然放松。由此可见，大脑与骨骼肌具有双向联系。因此，肌肉活动积极，从肌肉往大脑传递的冲动就多，大脑就更兴奋，准备活动就起这种作用。反之，肌肉越放松，向大脑传递的冲动就减少，大脑兴奋性就降低，心理上便感到不紧张了。

3. 放松训练的方法

放松训练的具体方法很多，如自我暗示放松训练、自律训练、肌肉骨骼放松训练、超觉静坐、催眠术等。进行放松训练时，一方面以一定的自我暗示套语使肌肉得到充分放松，体会四肢的沉重和温暖感，同时由于呼吸频率放慢而对心率、血压等植物性机能产生良好的影响。另一方面当身心处于放松状态时，大脑皮质的兴奋度降低，同时借助于重复默念有积极肯定愿望的公式套语使意念更集中到放松的感觉上。心理放松训练可以有效地消除紧张情绪和神经系统的疲劳现象，这是一种调节身心、控制情绪的好方法，但必须坚持系统的反复训练，才能达到预期的效果，绝不是短时期内能够奏效的。

在自我暗示放松训练中，常用下列的放松语言公式：

①“我安静了，很安静了。”

②“我的双手放松、暖和了。”

③“我的双手完全放松、暖和了，不能动了。”

④“我的两腿放松、暖和了。”

⑤“我的两腿完全放松、暖和了，不能动了。”

⑥“我的肩、背、腰都放松、暖和了。”

⑦“我的肩全放松、暖和了，不能动了。”

⑧“我的颈部完全放松、暖和了。”

⑨“我的颈部完全放松、暖和了，不能动了。”

⑩“我的脸部放松、暖和了。”

⑪“我的脸部完全放松、暖和了，不能动了。”

放松后的启动语言公式：

①“我休息好了。”

②“我呼吸加快了。”

③“像有凉风吹拂过我的身体，很凉快。”

④“我的头脑现在很清醒、很舒服。”

⑤“我的胳膊、腿、肩、背、腰、颈、脸的肌肉都很轻松，有弹性了。”

⑥“我精力充沛要去训练了。”

然后深吸一口气，呼气时睁开眼，慢慢站起来走2～3分钟，并作轻微的活动，以上最少重复两次，用逐渐提高和加快的声调连续默念两遍。如果在睡前练习放松，可不用启动公式，午睡时可在入睡前让脑子里出现起床时的时钟指针表现，到时间就能按时醒过来，练习越熟练，误差越小。如放松后要进入积极状态，可在启动公式中加进身体各部分开始发凉的句子，最后还可以加上“我越来越振奋”“我就像压紧的弹簧……”。

（二）生物反馈训练

1. 生物反馈训练的概念

生物反馈（或生理回馈）是利用电子仪器将与心理生理过程有关的机体生物学信息（如肌电、皮电、皮温、心率、血压、脑电等）加以处理，以视觉或听觉的方式显示给人（即信息反馈），训练人们通过对这些信息的认识，有意识地控制自身的心理生理活动，即通过中枢神经系统（central nervous system，简称CNS）调控以往难以调控的植物性神经系统（或自主神经系统）（autonomic nervous system，简称ANS）的功能或者调控运动行为。例如，运动员在训练或比赛中出现了情绪紧张，在生理上表现为植物性神经系统控制的机体部分发生一系列变化，如心率加快、血压升高、毛细血管扩张等。使用电子仪器显示各种信号（主要是视听信号），告诉运动员紧张情况下的主要生理机能反应，从而将紧张控制在适宜程度，这就是“生物反馈”的作用。

生物反馈训练不仅具有调整情绪状态、消除过度紧张、改善机体各器官系统机能的作用，而且可以提高运动感知能力，加速运动技能的形成，使技术动作更为协调。如运动员练习动作时，利用肌电仪让运动员在示波器上直接观察肌电变化，可以提高运动员的肌肉用力感觉，精确区分完成动作的用力肌肉、用力时间和用力强度，从而加速运动技能的形成与完善。在耐力性项目的运动中，使用心率监测仪使运动员能够直接听到自己的心率变化情况，以便调节和控制练习的强度。

2. 生物反馈训练

生物反馈是指人的活动结果又成为信息反映在头脑中。生物反馈就是使人知道内脏活动的信息，了解内脏器官活动的效果，从而学会控制内脏器官的活动。生物反馈训练又称“内脏学习”“自主神经学习”或“教育自己的内脏”。它是利用现代化电子仪器把自身内脏活动的信息显示出来，使自己知道并了解自己行动的效果，从而有意识地去控制行动。这种训练方法实际上是使训练者把生理功能变化的方向和自己的感觉联系起来，逐步学会在某种程度上调节自己的生理功能并向有利方向变化的训练方法。这种方法对消除过度紧张、恐惧和焦急情绪很有作用，对治疗一些疾病也有作用。运动员或学生在训练和比赛时，往往出现情绪紧张等现象，这种现象必然在生理方面有所反应，特别是植物神经系统控制的各部分发生变化，如心率加快、毛细血管扩张、血压升高等。通过生物反馈训练学会如何控制自己的这些反应，进而消除紧张，使肌肉放松到理想状态和最佳的心理激活水平，同时也可以调节心率及血压，改善情绪状态。

这种方法的效果要经过较长时间的训练才能显示出来，因为对植物性神经系统进行和控制，时间太短是不行的。实践证明生物反馈训练不仅可以稳定运动员的情绪，消除紧张心理，而且能加速消除疲劳。

（三）系统脱敏训练

系统脱敏训练（或敏感递减训练）是心理治疗中的行为治疗方法之一，可用于特殊领域的焦虑或恐惧症，其理论依据主要是沃尔普等人提出的相互抑制原则。沃尔普认为，神经症习惯是在引起焦虑的情境中把中性刺激与焦虑反应相结合而习得的。如果在有引起焦虑刺激的情况下产生一种与焦虑不相容的反应，比如放松、自信等，那么刺激与焦虑反应之间的联系必将减弱，他称这个过程为相互抑制。一个人不能同时既紧张又放松，处于完全放松状态时，本来可引起焦虑的刺激也会失去作用，即对此刺激脱敏了。在体育运动领域运用系统脱敏技术，可以帮助运动员解决一些情绪问题，如赛前焦虑。以整体环境为主，叫情境表象，也可以表象个人运动动作为主，称为动作表象，前者旨在提高情绪控制的能力，后者旨在提高运动技能，当然，两者往往是交叉的。

二、认知理论式训练

（一）表象训练

1. 表象训练的内涵

表象训练是教练员、运动员和体育运动心理学工作者运用得最为普遍的一种心理技能训练方法，被视为心理技能训练的核心环节。它是在暗示语的指导下反复想象某种运动动作或运动情境，从而提高运动技能和情绪控制能力的方法。表象训练有利于建立和巩固正确动作的动力定型，有助于加快动作的熟练和加深动作记忆；赛前对于成功动作表象的体验将起到动员作用，使运动员充满必胜的信心，达到最佳竞技状态，这有助于消除肌肉酸痛和单调乏味的感觉。

2. 表象训练的依据

念动现象及心理神经肌肉理论是当产生一种动作表象时，总伴随着实现这种动作的神经冲动，大脑皮层的相应中枢会兴奋，原有的暂时联系会恢复，这种兴奋会引起相应肌肉进行难以觉察的动作。运动表象时引起的这种运动反应称作观念运动反应（或念动动作）。

3. 表象训练的方法

表象训练也称念动训练、回忆训练或想象训练。念动训练主要是运动员或学生有意识地、积极地利用自己头脑中已形成的运动表象，并配合适当的语言暗示进行训练的一种方法。运动表象有的也称动作表象，它是综合的表象，它包括视觉表象（如动作的形态、过程）和动觉表象（如内部用力感觉、节奏）。念动训练时往往配合有语言暗示（如关键要领），语言可制成“套语”，使之固定化、程序化。这种内部重复演练动作表象的训练过程，能使表象过程中相应动作部位产生肌电活动。因为在人的头脑中产生一种动作表象时，总是伴随着实现这种动作的神经冲动，大脑皮层的相应中枢就会产生兴奋，原有的暂时联系会恢复起来。这种兴奋会传至相应的肌肉引起难以觉察的动作。这种产生运动表象时所引起的运动反应，称作“观念运动反应”，也叫“念动动作”。运动实践证明，进行念动训练所产生的效应，有利于建立和巩固正确动作的动力定型，从而有利于加快动作的熟练和加深动作的记忆。在赛前对于成功动作的表象体验（念动训练）能起到动员作用，可使运动员或学生逐渐恢复到最佳竞技状态。为此，应注意以下几点：

（1）运动表象越清晰准确，完成的动作就越准确。在头脑中准确地重现出某个动作形象并不是一件容易的事情，运动员或学生要在这方面进行反复练习。

（2）运动表象必须是视觉和动觉相结合的综合表象。如果只呈现视觉表象，那么念动训练的效果就会受到影响。通过实际练习，运动员或学生可进行自我检查与对比，以提高运动表象。

4. 运动表象的形成过程

运动表象的形成过程分为两个阶段，在建立阶段，运动员首先形成有关动作的大致轮廓，但动作的时间、空间、力量特点都不太清楚，主要成分是视觉表象；在相对准确化阶段，运动表象中反映的动作时间、空间、力量特点逐渐清晰，主要成分是动觉表象。

（二）认知调节训练

一般来说运动员情绪的调节与控制可以从两个方面着手：一是采用以生理调节为主的方法，如放松训练；二是采用以认知调节为主的方法，如本节将要介绍的合理情绪调节训练和暗示训练，这种认知调节训练，就是要提高运动员对情境评价与处理问题的能力以在复杂的比赛情况下依靠运动员自己解决问题。

认知调节训练，也可称为认知—行为调节训练，源于20世纪50年代开始发展起来的行为矫正技术，行为矫正是连接临床心理学和实验心理学的主要桥梁，在早期，这一领域中的大部分工作都是应用实验室中的学习理论来解决行为问题。约瑟夫和沃尔普的工作也许是此类方法的典型代表。众所周知，行为主义者关于人类行为的看法和态度同斯金纳的观点有密切关系，这种观点强调外显的行为，而对思维和情感则不屑一顾，认为这些内部行为难以用系统的科学方法进行研究。

一般来说，认知行为调节过程有4个阶段：第一个阶段是探查阶段，此时，心理学家要了解服务对象各方面的情况，比如，他是如何看待周围世界的，是如何建立和组织自己的认知系统的。第二个阶段是教育阶段，此时，心理学家帮助服务对象建立一种新的认知模式把问题看作是可以解决的，并采取具体的方法解决问题。第三个阶段是巩固阶段，继续进行帮助。第四个阶段是评价阶段，评价帮助措施和服务对象的行为变化在生活中的意义。当然，这4个阶段并无明显区分，新问题的产生或旧问题的解决都可能导致人们在这4个阶段之间不断跨越。

（三）暗示训练

暗示训练是利用言语等刺激对运动员的心理施加影响，进而控制行为的过程。我国的气功与印度的瑜伽运用了许多自我暗示的方法，19世纪初，德国学者舒尔茨到印度，对瑜伽的暗示法进行了调查研究，他回国后，在给患者治疗时，把患者分为给药组和给药加暗示组，经过一段时间治疗发现自我暗示对疾病治疗有显著效果。1932年出版了《自我暗示训练》书，从而揭开了对自我暗示进行科学研究的序幕。

运动心理学的研究表明，自我暗示能够提高动作的稳定性并能增加成功率，有的运动员在训练日记中回忆说："我为了要消除赛前的惊慌，使大脑安静下来，我的暗示口诀是：镇静，镇静，镇静就是胜利；我相信我的力量，我一定能取得胜利。"

三、模拟训练

模拟训练实际是一种适应性训练或称为脱敏训练，这是将训练安排在与比赛条件相似的环境下进行的一种训练方法，能使运动员逐步适应比赛的特殊环境，有利于提高临场的表演效能及比赛水平。同时，通过模拟训练，排除运动员或学生参加比赛时产生的不良心理状态。为了达到这个目的，必须对即将参加比赛的对手、场地、设备、照明、器材、观众、气候、时间等条件掌握得十分清楚，才能进行模拟训练。模拟时还要注意在生理、心理、环境等各方面尽量做到与赛前实际情况类似。

模拟有实战实景模拟和语言形象模拟两种。“实战实景模拟”就是创造与比赛实际相类似的条件进行训练，培养运动员的适应能力。如条件许可应使运动员提前到达比赛地点和场地进行训练，或者到与比赛地点的气候、环境相类似的地方进行训练，和比赛同样要求的测验，制订和执行与比赛地点“时间差”相同的作息制度，都属于实战实景的模拟训练。“语言形象模拟”是利用语言来描绘未来竞赛时的情形，对手的行动和自己的行动，这种模拟要配合图表、图片、照片、录像、电影等，使之具体化。经过“模拟训练”，有利于技术、战术从运动训练场转移到比赛场上。

在模拟训练中，由于项目不同，采用的模拟训练方法也有所不同。如在一对一的项目中，可以选择一些适当的竞赛对手进行“实战”训练。这些训练都应在模拟的类似条件下进行。我国运动员在出国比赛之前，也曾做过模拟训练的尝试，包括对运动员作息时间的安排，在比赛中可能出现的问题，环境因素的干扰等，都进行了设计，这对克服运动员的紧张心理和对比赛环境的适应都是大有好处的。

四、其他心理训练

（一）集中注意力训练

注意力集中是坚持全神贯注于一个确定目标，不为其他内外刺激的干扰而产生分心的能力。运动员注意力的集中是非常重要的。根据实验研究，注意力集中能力对于射击运动员提高运动成绩十分重要。注意力集中的能力包含意愿的强度、意愿的延长、注意力集中的强度和注意力集中延长4个方面。注意力集中的强度依赖于精神机能，而注意力集中的保持和延长却取决于身体机能。当精神疲劳时，注意力集中的强度就变弱，当身体疲劳或有病时，注意力集中的延长机能就降低，当情绪不好，杂念多时，注意力也难以集中。因此，注意力的训练是一个综合的努力过程，所采用的训练方法也是多方面的。

实验研究指出，行之有效的集中注意力的训练应注意以下几个方面：

（1）对从事的活动要有强烈的兴趣，来自内部的兴趣动机更能使人全神贯注。

（2）在日常生活中养成办事有头有尾，不能有见异思迁的习惯。

（3）练习视觉守点、听觉守音的集中能力。

（4）在比赛中把自己忘掉，用身体体会进入集中注意力的境界。

（5）在比赛中把环境忘掉，不是想比赛和名次，而是如何敏捷地做动作。

（6）消除担心、害怕心理及其他原因，避免情绪波动。

此外，在心理训练中有的学者研究，采用看手表、注意物体、注视墙上的圆圈等方式的练习也颇有成效。看手表的练习是指先看表的秒针，注意集中在秒针上，先看1分钟、2分钟、3分钟，找出自己能坚持注视秒针的时间。如注意始终不离开秒针能坚持1.5分钟，把这个时间记下来，然后进行练习时，每次坚持1.5分钟，连续3～4次，每次练习后休息10～15秒。经过多日训练，每次练习的时间逐渐延长，当能集中注视秒针达到5分钟后就转入注视分针的练习。当能集中注视5分钟时，说明集中注意能力得到提高，这样的练习可以在任何时候进行，尤其是在大脑疲劳、注意力不易集中的情况下进行练习，会收到更好的效果。

（二）智力训练

智力是人们在掌握和表现运动技能的过程中必须具备的心理特征，从中国学者的研究中可以看出3个研究特点：第一是智力结构中的一般因素或一般智力发展水平；第二是测量工具多为标准化的智力测验，如韦氏智力量表和瑞文标准推理测验；第三是多数学者认为体育活动能够促进人的智力发展。

根据国内外研究结果，可归纳出以下一些趋势：

（1）高水平运动员具备中等或中等以上水平智力。

（2）体育专业学生的智力发展水平与文理科学生的智力发展水平无显著差异。

（3）运动专项不同，取得优异成绩所要求的智力特征也不相同。

（4）运动技能的类型不同、水平不同，智力因素对技能获得的影响也不相同。

（5）运动技能学习阶段不同，智力因素对掌握运动技能的影响也不同。

（6）智力缺陷儿童的智商分数越低，技能操作成绩也越差，掌握运动技能也越困难。

（7）在所完成的操作任务难度和智商分数之间有中等程度的智商到高智商

的相关。

上述定义强调我们应当在具体的运动情景条件下来把握和理解运动智力，另外“必须具备的心理特征”主要是运动员的认知因素，即与运动信息加工过程中编码、储存、提取、决策问题有关的知觉、注意、记忆和思维等因素。

另外，正确理解运动员的智力水平具有重要的意义，它有助于消除某些人认为运动员“四肢发达，头脑简单”的错误观念，有利于运动员的选材工作。在选材工作中，不但要关注运动员是否具备了成为高水平运动员所必须具备的中等以上的智力发展水平，而且更关注运动员在具体运动情境中解决问题的能力。对运动员智力的正确理解，还可以使我们正确地认识体育运动与智力发展的关系。

（三）意志训练

人的意志品质是决定人心理的一个因素。在训练中可以有意识地设置一些快速变化的困难，培养运动员当机立断、正确估计危险程度、毫不犹豫完成决定的果断精神。克服主观困难的方法可采用说服教育、榜样作用、自我命令等。克服困难的方法可采用改变负荷、练习难度，降低要求和环境条件的改变等。通过在训练中锻炼并提高运动员的自制能力，使其能自如地控制情感，养成坚定的意志品质，保证运动员在比赛中能充分发挥其竞技能力。

（四）表情调节

表情调节是有意识地改变自己面部和姿态的表情以调节情绪的方法。情绪状态与外部表情存在着密切有机的联系，因此有“情动于中而形于外”的说法。情绪的产生会伴随一系列生理过程的变化，并因而引起面部、姿态等外部表情。如愉快时兴高采烈，笑容满面，手舞足蹈；愤怒时横眉竖眼，咬牙切齿，紧握双拳；沮丧时垂头丧气，肌肉松弛，萎靡无力等。既然情绪状态与外部表情存在着密切而有机的联系，我们就可能通过改变外部表情的方法而相应地改变情绪状态。如感到紧张、焦虑时，可以有意识地放松面部肌肉，不要咬牙，或者用手轻搓面部，使面部肌肉有一种放松感。当心情沉重、情绪低落时，可以有意识地做出笑脸，强迫自己微笑，假使做不到，可以看看别人的笑脸，或者想一想自己过去最高兴的某件事，也可以想一想自己过去最得心应手的比赛情境。

（五）活动调节

大脑与肌肉的信息是双向传导的，神经兴奋既可以从大脑传至肌肉，也可以从肌肉传至大脑。肌肉活动积极，从肌肉向大脑传递的冲动就多，大脑兴奋水平就高，情绪就会高涨。反之，肌肉越放松，从肌肉向大脑传递的冲动就越少，大脑的兴奋性就降低，情绪就不会高涨。活动调节利用不同速度、强度、幅度、方向和节奏的动作练习，也可以控制运动员临场的情绪状态。例如，情绪过分紧张时，采用一些强度小、幅度大、速度和节奏慢的动作练习，可以降低情绪的兴奋性，消除过度紧张。情绪低沉时，可采用幅度小、强度大、速度快和节奏快的变向动作练习，通过反复练习，可以提高情绪的兴奋性。

（六）音乐调节

通过情绪色彩鲜明的音乐控制情绪状态叫音乐调节。音乐能够影响人的身心健康，这一概念早已为人们所接受。例如，人们可以听着催眠曲进入梦乡，唱着歌曲减轻繁重体力劳动造成的疲劳等，研究表明，音乐能使人产生兴奋、镇定、平衡3种情绪状态。音乐给予人的“声波信息”，可以用来消除大脑工作所带来的紧张，也可以帮助人们内在地集中注意力，促使大脑的冥想状态井然有序。因此，人们喜爱的曲子或一种具有特殊节奏的音乐，可以使人身心放松，也可以使人身心兴奋处于机敏状态。运动员赛前如果有异常的情绪表现（如过分紧张），听一段轻音乐或喜爱的歌曲，往往能得到调节情绪的良好效果。

（七）呼吸调节

通过深呼吸有可能使运动员的情绪波动稳定下来。情绪紧张时，常有呼吸短促现象，特别是过于紧张时运动员常有气不够喘或吸不上气来的感觉，这是呼气不完全造成的。这时可以采用缓慢的呼气和吸气练习使情绪的兴奋性下降。情绪低沉时，可采用长吸气与有力的呼气练习提高情绪的兴奋水平，这就是呼吸调节。这种方法之所以奏效，是因为情绪紧张时，呼吸快而浅，由于快呼吸，使体内吸入大量氧气，呼出大量二氧化碳，问题在于二氧化碳呼出过多，会使血流中的二氧化碳失去平衡，时间一长，中枢神经便迅速做出抑制性的保护性反应，这时，采用加深或放慢呼吸频率的方法来消除紧张，经过一小段时间后，就会得到情绪稳定的效果。

（八）颜色调节

在竞赛中也可以利用联觉现象通过颜色调节运动员的心理状态，即为颜色调节。例如，过分紧张时，看绿色、蓝色、紫色，具有镇静作用，设法用绿色毛巾擦汗，饮用绿色的饮料，到蓝色环境中休息一下，可使过度兴奋得到缓解。如果运动员临场精神状态不振，则应多给以红色或黄色刺激。排球运动比赛所用球由原来的一种浅色改为现在的彩色球，除了适应电视转播和利于运动员判断球旋转方向外，也是为了调节运动员枯燥的训练，在视觉上增加色彩的刺激，从心理上起到振奋情绪的作用。排球运动员现在的比赛服与以往相比，也是多彩多姿，其中也有用颜色调节心理的原理。

（九）语言调节

语言调节或称暗示调节，是使用语言对心理活动施加影响的方法，也可用手势、表情或其他暗号来进行。暗示现象在日常生活中有着广泛的作用。暗示不仅对人的心理和行为产生影响，还可以影响到人的生理变化，暗示作用有积极的也有消极的。

暗示可分为自我暗示和他人暗示。竞赛之前和竞赛之中，教练员与运动员应尽量用积极语言分析对手情况，制订战术，树立信心。避免使用消极词语，如用“我很镇静”代替“我不紧张”，用“我充满力量”代替“我还没有疲劳”，用“我站得很稳”代替“千万别摔倒”等。教练员应十分注意自己的手势、姿态、脸部表情和眼神，这些都是传递暗示信息的媒介，可能对运动员的心理带来重要影响。如中国女排国家队前主教练陈忠和就深谙此道，女排姑娘们比赛时，他在场外总是一副笑脸，及时地给予鼓励和安慰，不断调节队员的情绪，使她们始终处在积极向上、奋勇拼搏的情感当中。同时，运动员自身的表现也可能对队友产生影响。

第七章
高校排球运动损伤及预防

第一节　排球运动中常见的损伤

一、排球运动中产生创伤的原因

排球运动中的创伤主要起因可归纳为以下几个方面：

一是不合理的设施和器材。例如，球鞋太紧，易引起脚上起泡；场地太滑，极有可能造成踝关节的扭伤等。

二是不合理的技术动作。

三是体质差。良好的身体素质将极大地减少受伤的机会。至少应让所有的运动员在一场比赛或一节训练课的前后做伸展运动。

四是力求完美，超越人体极限。无论身体素质如何，总会出现伤情，即使是专业运动员也会因超越他们的身体极限去救一个难救的球而受伤。

二、竞技排球运动中常见的损伤

排球运动虽然没有直接的身体接触，受到的伤害程度也许不像有身体冲撞的足球、篮球等那样严重，但无论是小得不起眼却很麻烦的水泡，还是需要人长时间照料的严重扭伤都不可忽视大意。所以，大家在排球场享受乐趣的同时一定要学会保护好自己。竞技排球运动中常见的损伤如下：

（一）擦伤

擦伤是最常见的一种损伤，擦伤是由于皮肤受到急剧的摩擦所致。出现擦伤后，可用消毒水清洗创面，再以无黏性的绷带包扎即可。如果是夏天，且创面不大的话，用消毒水清洗干净，抹上碘酒即可。

（二）水泡

水泡是由于挤压、摩擦和湿气等造成的皮下淤水小泡。水泡常见于手上和脚上，所以，在选择鞋子的时候一定要合脚。穿上后，以脚后跟可放下两个手指为宜，并最好穿厚一点儿的棉袜。夏天打球出汗后最好及时擦干手臂、手腕上的汗水，避免手心流汗。

（三）挫伤

挫伤是由于钝器打击或剧烈碰撞等所引起的。出现挫伤时，应抬高患肢、冷敷、加压包扎，尽量减少出血。24小时后，对挫伤处可进行热敷或按摩。

（四）扭伤

动作幅度较大或过于急剧会给关节造成过度的扭曲和伤害。一般情况下，当关节受压力较大时就会出现扭伤。扭伤出现后，应立即停止运动，尽快就医。

（五）跟腱炎

跟腱炎是由于运动强度过大或时间过长，造成跟腱负担太重而引起的各种炎症。如果得了跟腱炎，抬脚时会感觉疼痛，并感觉脚跟肿胀。运动员快速移动时，脚部着地的部位不对，扁平足，足部韧带脆弱，鞋子不合脚，场地地面太硬等都是造成跟腱炎的原因。为了预防跟腱炎，在排球训练和比赛前应充分做好准备活动。患病后，可用冰块按摩或使用消炎注射剂、包扎医疗绷带等方法，严重的须手术治疗。

（六）跟腱断裂

在准备活动不充分的情况下进行训练和比赛，在此过程中强烈的急停、急转是造成跟腱断裂的主要原因；另外，跟腱韧带疲劳过度也是一个原因。一旦确定是跟腱断裂，应立即停止运动，马上用冰水冷却患处，固定踝关节，抬高患肢，马上送往医院就诊。

（七）腰痛

脊柱负荷过重、腰部肌肉紧张过度、脊柱出现畸形或腰椎间盘突出等是造成腰痛的原因。腰痛的症状表现为腰部僵直，严重的刺痛，无法做简单的转体动作。如果腰椎突出，严重压迫坐骨神经，会使下肢麻木甚至失去知觉。

（八）肩关节痛

肩关节痛的主要原因是肩关节的屈伸肌、固定关节的韧带及关节囊等软组织运动负荷量过大，大多是由发球、扣球用力过猛造成的。其症状表现为肩关节在发球、击球的过程中出现疼痛，并使手臂痉挛。如出现肩关节痛，应立即停止训练或比赛，短时间固定肩关节。

（九）肌肉痉挛

肌肉痉挛主要是由于运动量过大，造成体力严重透支，身体过度疲劳所致；天气太热、出汗过多而使盐分过度流失或者是气温过低、冷刺激过强而引发的肌肉僵直、抽搐等现象。其症状表现为痉挛部位的肌肉突然伴有疼痛和无法控制的僵硬感。如出现肌肉痉挛，应立即拉伸痉挛肌肉。

（十）肌肉拉伤

背肌损伤多是在下蹲击球或转体动作时造成的；腹部肌肉损伤是发球或扣球用力过猛所致，或是肌肉负担过重引起的；肱三头肌损伤是由于肘关节的突然伸直或食指和拇指握拍太紧，妨碍了手腕的运动，肘关节快速伸直所致。其症状表现为肌肉有轻微的撕裂感。

（十一）踝关节扭伤

踝关节扭伤大多是由于准备活动不充分、运动中剧烈变向、鞋子不合脚、场地表面凹凸不平所致。其症状表现为踝部剧烈疼痛并伴有肿胀。如出现踝关节扭伤，应立即冷敷，包扎绷带，就医。

（十二）膝关节痛

膝关节在运动中用得最多，且容易受伤的关节之一。膝关节的疼痛是由于膝关节韧带紧张过度、场地地面坚硬以及先天性膝关节脆弱所致。其症状表现为剧烈运动或负荷过重时疼痛并伴有水肿。如出现膝关节痛，应立即用冰块冷敷、按摩；使用消炎软膏、超声波、缠绷带等方法。

第二节　排球运动员损伤的护理及恢复

一、损伤护理阶段的划分

软组织损伤是体育运动中常见的损伤。由于向软组织供血的血管发生破裂，血液堆积于受伤组织周围，出现疼痛、肿胀及皮肤颜色的变化。因此，损伤护理的3个阶段就是根据这种组织内出血的程度而划分的。受伤后经历的3个阶段如表7-1所示：

表7-1　软组织受伤后的3个阶段

急性期（0～24小时）	中期（24～48小时）	后期（48小时以上）
受伤后直至停止出血，一般需要0～24小时，适当的处理可大大缩短这段时间	急性期结束，停止出血后，一般在受伤后24～48小时内，伤口仍很容易再次出血，如不采取适当措施，仍有反复到第一阶段的危险	通常在伤后48小时以后，出血完全停止并且不容易发生反复。这时的治疗护理可大大加快恢复过程，此阶段软组织开始逐渐愈合

教练员应认识这个过程，以便根据伤情做出有效处理。

二、紧急处理与急救

使受伤运动员成功地重返赛场，往往要取决于第一个对他伤势做出诊断并采取正确急救措施的人。如果医务人员不在场，教练员就必须做出诊断并决定是否让受伤运动员继续参加比赛或训练。如果伤势严重，自然容易做出决定，但在伤势较轻、运动员仍可活动时，教练员就不容易做决定了。当你无法判断时，应先让运动员休息。

（一）紧急情况的处理

处理创伤是一项非常专业的业务，教练员没有经过诊断和处置创伤的训练，如果有疑虑，在合格的专业人员到来以前，教练员不应作任何处置，保持冷静是非常重要的，如果必要，应防止其他人试图施治。

教练员也应该能够：

（1）对运动创伤提供紧急治疗。

（2）在队医不在场的情况下，实施急救。

（3）有效地委托能胜任的助手进行处理。

运动急救的基本做法包括：

（1）对威胁生命的问题进行初步检查。

（2）在进行医疗以前提供维持生命的救护。

为此必须具备的技能包括：

（1）保持通风。

（2）进行心肺复苏（CPR）。

（3）控制出血。

教练员在辅助性的检查中还应该能够分辨出创伤是急性的还是慢性的，是软组织还是非软组织，这将有助于提供合理的急救。

（二）损伤处理

立即处理擦伤以及肌肉、肌腱和韧带的损伤，方法如表7–2所示。

表7–2　损伤紧急处理方法

休息（R）	冷处理（I）	加压（C）	抬高（E）	恢复（R）
受伤部位应保持静止状态	可把冰块直接或间接地放在受伤部位的皮肤上。如果直接接触皮肤，应保持冰块滑动，如做圆周滑动。 注意：冰块接触皮肤时间过长会引起冻伤，重复性的5～10分钟冷处理要比一次性时间较长的冷处理效果更好	通常采用缠绕消毒或直接用手对受伤部位进行加压	将受伤部位置于高于心脏的位置，如腿部受伤的运动员仰卧，用支撑物把受伤腿托起	恢复（服药或理疗）

其中最后两个步骤是最重要的，当抬高受伤部位后，不用绷带固定、加压，而使用冰块降温则浪费时间。如果运动员要回家，要嘱咐他保证充分的休息并继续抬高受伤部位。要注意加压绷带不能缠得太紧，这会妨碍受伤部位的血液循环。

R：休息（损伤部位休息48小时）。

I：冰敷（在一块布上，用一层油膏或弹性绷带保护皮肤，每小时敷5～15分钟，直至皮肤变红，一天重复4～5次这样的处理）。

C：加压（包扎消肿）。

E：抬高患肢（消肿）。

R：恢复（立即服药或理疗）。

在损伤后2天至4天内可遵循这一原则，因为它对消肿和减轻对肌肉组织的进一步损伤是必不可少的；在创伤后4小时内服用消炎止痛药片能减轻创伤的疼痛和炎症，不要使用局部麻醉剂来止痛。如果觉得肌肉、肌腱或韧带可能完全撕裂，要确保运动员及时就医。

（三）应急处理计划和基本的急救药箱

应急处理计划应包括以下几个方面：

（1）随时准备一个急救药箱。

（2）掌握基本的急救知识。

（3）确信熟悉应急行动计划。

表7-3中列出了基本的急救箱必备的一些物品：

表7-3　急救箱必备物品

橡皮膏和绷带	清洁剂和敷药	其他物品
•2×3英寸的橡皮膏 •2×6英寸的橡皮膏 •2×3英寸的弹性绷带 •三角巾，包扎用的药棉卷 •个人用“橡皮膏” •氧化锌胶布	•纯净水 •消毒液、过氧化氢（用于感染的伤口） •棉签 •纱布绷带 •无黏性绷带（如凡士林纱布） •纱布	•保险针 •剪刀 •一次性手套 •体温计 •洗眼杯和纱布块 •碳酸铵

三、对受伤运动员的安置

如果一名运动员长时间受伤，他会怀疑自己能否重返赛场，或者可能对自己在场上像受伤以前那样打球开始感到恐惧。所有这些想法可能导致运动员对重返赛场产生一种负面的心理状态，其结果是丧失对排球运动的内在动力。

许多运动员需要有人拉一把，而此时教练员的作用则是必不可少的。运动员受伤期间常常可能是对教练员——运动员二者关系的考验。

（一）教练员可提供的帮助

（1）保证。让运动员确信伤情将会好转。

（2）与运动员定期接触、打电话、拜访等。

（3）带领受伤的运动员与曾经有过类似创伤恢复的运动员接触（典范的作用）。

（4）鼓励运动员创造一种积极的家庭环境。鼓励运动员积极地利用自由时间（看排球运动员的录像）。

（5）活动未受损伤影响的部位。

（二）教练员需要了解的其他方面

（1）运动员对在场内外进行训练的要求。训练其他技能，如自理能力、作计划、时间的安排、信心的确立、自尊心的增强、理念、精力的集中、放松等。

（2）营养上的需要。由于训练强度的降低，运动员的饮食可能需要改变。

（3）康复治疗。制订一个适当的康复治疗计划：

①修订运动员的年度计划。

②重新审定运动员的比赛计划和训练计划。

③确定新的训练目标。

④复审比赛目标。

⑤制订一个合理的身体训练计划。

教练员的任务应是给予运动员重返排球赛场的内在动力。

四、受伤后的恢复

（一）影响恢复的因素

下列因素决定着运动创伤的恢复速度：

（1）受伤的类型和程度。伤势越重，恢复时间越长。

（2）早期处理。迅速、适当的早期处理能缩短恢复时间。

（3）治疗方法和次数。选择正确的治疗方法并认真采用能加快愈合过程。

（4）个人差异。年轻运动员恢复较快，运动员的生理和心理特征不同也会影响愈合时间。

（二）运动员受伤后的恢复

在重返运动场之前，运动员必须完全恢复，以防再次受伤。完全恢复的标准包括：

（1）柔韧性完全恢复，完成100%的动作幅度。

（2）受伤部位的力量完全恢复。

（3）疼痛消失。

（4）充分的心理准备，伤病恐惧消失。

教练员如果不能确定运动员能否重新训练或比赛，应询问队医，以确定其是否完全恢复。

（三）制订受伤后的恢复管理计划

如果制订出一个成功的训练计划是教练员所面临的最大挑战，那么运动员受伤后的恢复管理则会居于其次。不管诊治手段如何先进，受伤都会对运动员产生负面影响。骨折和肌肉拉伤不仅对运动员身体，还对运动员心理造成影响。医生可以对受伤运动员提供身体治疗，而教练员必须尽力满足运动员的其他需要。

如果能制订出一个全面的伤后恢复计划，那么受伤运动员仍能保持基本的训练水平与重返赛场的决心。尽管他还不能跑、跳。关键在于要认识到受伤会对运动员产生多方面的影响，所有的方面都要考虑到，使其得到迅速、健康的恢复。

首先，要充分认识排球与排球训练是一项使人着迷的活动。尽管运动员参加训练的原因多种多样，但他们都有训练的需要，这种需要与受伤不能训练的运动员产生了矛盾。当面临中断训练或比赛时，多数运动员否认他们已受伤，但完全接受受伤这一事实是恢复的第一步。他们必须采取现实的态度，意识到那是身体恢复、伤情消除所必需的。

其次，喜爱训练增加了受伤情况的复杂性。运动员会经历各种复杂的体验，会有类似于戒除某种成瘾的生活习惯或物质后出现的症状，包括烦躁不安、精神沮丧、有负罪感、全身疲劳、孤独压抑等，有时运动员还会有失眠、紧张、浑身酸痛、胃痛等症状出现。如果运动员能认识到这些体验是正常的，对这些症状就易于接受和控制。减轻这些症状影响的一个办法就是用其他活动在身体和心理上来取代身体训练，这会帮助运动员将注意力集中在能做的事情上，而不是不能做的事情上。一旦制订出活动计划，教练员应和运动员一起建立一系列的目标，目标设立能使教练员帮助运动员更好地控制恢复过程，而不是被伤病控制。

最后，在受伤时，运动员们可能会为他们的体重变化而担心。要让运动员知道良好的营养状况是身体抵抗伤病所必需的，并为伤口愈合提供必要的物质保障。许多运动员为了使他们在外表上看起来像个运动员，强制性地控制体重而延长了伤病恢复时间。运动员应自问："是稍微增加些体重，保持健康好呢？还是控制体重的增长，继续处于受伤状态好呢？"教练员要与运动员一起，根据运动员的身体需要而不是体重变化来确定营养的摄入量。当然应剔除运动员食谱中脂肪、糖等高热量食品。

（四）受伤运动员可以参加的活动

在运动员受伤后的恢复管理计划中，最重要的内容或许就是保持受伤运动员的积极活动了。这些活动都应是运动员力所能及的，可以帮助他们获得有效的恢复并缓解他们的沮丧情绪。

当然，任何活动都应保证安全，必须与运动员和医生一起确定哪些关节、肌肉、肌腱和韧带需要何种程度的保护，然后选择最为安全的练习方式。还应注意的是，所参加的活动与运动员的专项越相近，运动员恢复后就越能缩短过渡阶段，尽快地投入训练和比赛中去。

水中跑是保持运动员一般有氧耐力最为有效的活动，但运动员需要练习的多样性来保持兴趣。在可能的情况下，为了保持连续性，这些活动在时间上应与日常训练课大致相同。

无论受伤运动员参加什么活动，最为重要的是能保证向训练和比赛平稳、顺利地过渡。伤后治疗的时间越长，向正规训练过渡的过程就越慢。因此，随着训练负荷的逐渐增加应逐步减少替代练习。

第三节 竞技排球运动中损伤的原因及预防

一、排球创伤的部位

排球运动最常见的损伤部位是肩、膝和腰。肩伤以肩袖损伤、肱二头肌腱腱鞘炎为最多，多因肩部无力、扣空球或扣球技术错误（如肩外展90° 屈肘扣球就很容易伤肩，如能高手扣球此伤即可避免）引起。在肩部，因扣球姿势不正确，还会引起肩胛上神经麻痹（其发生率可高达25%～30%），出现冈上、冈下肌麻痹，多见于集训期间的运动员。膝伤以髌骨软骨病、股四头肌外侧头末端病（尤以单足起跳与落地的运动员最多，如改为双足多可避免）及半月板损伤最为多见，起因是过度劳累和救球时跪地髌骨受撞击致伤。腰伤以肌肉劳损、椎板疲劳性骨折、腰椎间盘突出与棘突骨膜炎较多见。此外，扣球、封网、救球倒地也会发生背部、臀部的挫伤及上下肢其他关节韧带的捩伤或扭伤，其中扭伤、骨折和脱位最常见（表7–4）。预防方法为：注意改进错误的技术，遵循训练原则，场地宜平、忌硬和滑，使用厚护膝及护腰。准备活动时，应特别注意肩、膝、腰、指腕关节的活动。

表7–4　排球易受伤部位比例

上肢27%	躯干/背部和腹部	下肢40%	其他部位（大腿、髋部、头部、眼）
肩部10% 肘部12% 腕部5%	20%	脚12% 踝关节8% 小腿5% 膝15%	13%

二、致伤原因

排球运动属于技能主导类隔网对抗性的集体项目，需要同伴之间的密切配合，其技术性较强。当今世界排球运动有以下新的特点：①攻防转换快，对抗性越来越激烈；②普遍运用大力跳发球技术；③前排进攻点后移，后排进攻点前移，原地起跳少，快速冲跳飞行扣杀（发球）技术运用普遍；④自由防守人各种高难度防守；⑤立体进攻战术体系建立；⑥训练时间长，训练强度大；⑦网上扣拦攻防对抗激烈；⑧全能型选手的培养等；⑨频繁参赛；⑩排球运动呈多极化发展。以上新的特点，导致排球运动员的运动损伤人数增多，损伤部位增加，损伤程度加深。

排球运动技术动作大部分是在腾空跳起或半蹲状态下完成的，连续快速起跳拦网，快速冲跳大力发球、后排进攻及前排的强攻扣球等动作，导致膝关节的损伤发生率最高且程度加深。连接上、下肢枢纽的腰部发生运动损伤也比较常见。排球运动损伤的原因主要有以下4个方面。

（一）技术方面

由于排球运动技术性较强，技术的熟练掌握需要长时间的艰苦训练，大强度、大运动量的训练会引发伤病。

1. 扣球

扣球是排球比赛中主要的得分手段，要求发力正确，起跳迅速有力。扣球时要求运动员全力起跳，大力量的起跳和落地主要由股四头肌的快速收缩来完成，股四头肌强烈的收缩使髌骨和股骨发生碰撞。反复的撞击极易损伤髌骨和股骨的软骨及膝关节韧带，造成膝关节韧带和半月板的磨损。长期大量的扣球，可导致腰、腹部慢性劳损。另外，准备活动不充分、突然猛烈发力或扣球时过分伸腰以及转体用力，致肌肉发生不协调的收缩引起腰扭伤。

2. 发球

排球新规则的实施尤其是每球得分制的制定，使发球成为一种新的进攻形式，各队由原来的站立式发球、下手发球逐步演变为大力砍式发球、大力跳发球和跳飘球等。这些技术动作和扣球的技术接近，要求运动员具备良好的腿部力量、腰腹肌力量以及上、下肢的爆发力，对攻击性发球强调力量的同时也使运动员的损伤发病率高于其他运动项目。大力量跳发球时用力不当、击球部位不正确，往往会引发腰、肩部肌肉和韧带拉伤。

3. 传球和拦网

排球运动中，一攻的关键是一传的到位率，由于对手的发球攻击性强，接球时运动员由于球速过快不能准确判断、移动迅速到位，有时被迫采取不合理的上手接球技术而导致手指关节损伤。由于判断不准确，出现起跳时间、位置不对、拦网手形不正确等所致损伤。常见有指间关节脱位及韧带撕裂、腕关节软骨损伤等。此外，由于起跳扣球和拦网后落地踩在对方运动员脚上，可导致急性踝关节韧带扭伤、膝关节内外侧副韧带、十字交叉韧带的拉伤或撕裂等传球和拦网时发生急性损伤的概率较高。一旦发生，运动员往往被迫停止训练和比赛，且需要较长的时间恢复。

4. 移动和防守

在排球运动中，要求半蹲位的准备姿势以及移动、起跳。膝关节处于蹲位时，韧带松弛，膝关节的稳定性下降，此时，膝关节的稳定性主要靠髌骨和股四头肌来维持，髌骨的腱膜和韧带所承受的牵张力和关节面的挤压力较大。在半蹲位时起跳“发力”或屈伸扭转，这些作用力长期超过了髌骨组织细胞的生理负荷和局部代谢，可导致组织细胞的变性和坏死而引起软组织出血、变性、增生、钙化等一系列病理改变，从而导致髌骨劳损。

（二）训练组织管理方面

排球运动员技术水平的提高离不开身体训练，而且身体训炼对于防伤防病、治疗伤病等方面起着积极的作用。但由于客观条件的影响以及缺乏身体训练的技术指导。身体训练在内容安排和方法上存在一些问题。因而常发生一些较有规律的伤病。

1. 力量训练中的损伤

力量训练中出现损伤的概率最高。我国专业排球队中常用的力量训练方法主要有大重量负重蹲起、提拉杠铃、快推、抓举、卧推等。其中，负重蹲起和提拉杠铃常易引起腰部损伤，如腰肌拉伤、腰椎间盘突出、腰髋关节损伤等；其他力量练习还可以导致腰伤和腕关节损伤。在力量训练中，由于准备活动不充分、肌肉的黏滞性原因、超过运动员承受的重量和强度是造成腰部损伤的主要原因。

2. 速度训练中的损伤

排球运动中的速度训练以短距离快速跑动和快速移动为主，常易发生股四头肌、股二头肌的拉伤以及踝关节的扭伤。由于准备活动不充分、注意力不集中和疲劳训练会导致损伤的概率增加，有时可出现膝关节韧带拉伤和腿部肌肉拉伤。

3. 其他身体训练中的损伤

在其他身体训练中，灵敏、柔韧、耐力等也易发生损伤，如腰、腿、腹部位肌肉的轻微损伤。由于这几方面的训练强度相对较小，动作幅度较缓，损伤的概率相应小于力量和速度训练、一般在准备活动充分的情况下，很少发生损伤。

（三）运动员心理重视程度与损伤

在对排球运动损伤的心理统计方面，有80%以上的损伤是因为对训练和比赛心理的重视程度不够，尤其是对青少年排球运动员更甚。青少年排球运动员由于对准备活动不重视。加上年少气盛的炫耀心理，往往在准备活动还没有充分活动开的情况下就急于进行大运动量的技术训练和比赛，使局部的负荷过重而发生急性损伤，并随训练年限增加逐步转为慢性劳损。

另外，因扣球、拦网、扑救等技术动作导致的损伤会使运动员造成心理恐惧，从而影响技术动作和效果。其中，膝关节的伤痛对运动员的心理影响最大。尤其是在高水平的排球队中，由于比赛成绩的需要必须进行大运动量训练，经常带伤训练和比赛而得不到充分的休息和恢复，往往会形成恶性循环。

（四）专项训练的年限与运动损伤

排球专项训练的年限越长，慢性损伤越多。据调查，排球专项训练随训练年限的增加其损伤有明显增加的趋向。排球运动员在进行扣球和拦网时需要反复跳跃，在防守和接一传时又需要持续半屈膝位。因此髌骨的上下肌腱末端经常承受较大的牵托力，久之即导致慢性损伤。竞技体育的运动员每日要在超负荷的情况下训练，运动的年限越长身体相应部位负荷也越大，损伤也就越多。

随着早期专项训练的进行，运动员的训练年龄越来越小，而训练负荷越来越大。排球运动员少年时期身高有较快的增长而肌肉的体积和力量相对不足，此时如过早进入专项训练，在肌肉力量不足的情况下对膝、肩、腰、踝等关节的保护作用相对薄弱，极易导致损伤。因此，不应进行过早的专项训练。

长期拦网训练会导致膝关节劳损。副攻和二传运动员在场上担任更多的组织进攻和拦网任务，因而膝关节的劳损也较为严重：而主攻和接应则腰伤和肩伤较为常见。

三、常见损伤及其处理

（一）膝部损伤

排球运动员受伤率较高。损伤部位广泛，但以膝、腰、肩、踝、肘为主。在不同的研究中统计结果有所差异：以膝关节和腰部损伤出现率最高，由高到低排列为膝关节、腰、踝关节、腕关节、肩关节、指间关节、肌肉的拉伤、皮肤的擦伤。

膝部损伤非常常见，其中内、外侧副韧带损伤和半月板损伤占近半数。排球运动运动员经常处于半蹲位，在半蹲位下迅速作出各种技术动作，使得半月板损伤的概率非常大，而且在比赛或训练的对抗过程中当小腿突然外展、外旋或是足与小腿固定、大腿突然剧烈内收、内旋时，可因膝关节过度外翻而损伤内侧副韧带；再加上在对抗练习中不善于自我保护，强力挤压膝关节前侧，强力外翻或内翻膝关节，易造成交叉韧带、侧副韧带、半月板等损伤。

1. 侧副韧带损伤

膝关节内外侧副韧带损伤可通过对膝关节受伤机制的分析、体格检查、X线和MRI检查诊断。患者膝关节内侧或外侧疼痛，体格检查时内翻试验、外翻试验阳性，具有开口感，提示内、外侧副韧带损伤；内、外翻张力位X线、MRI检查可进一步明确诊断。膝关节开口感是判断内侧副韧带损伤程度的重要体征，没有硬性终点的开口感往往提示内侧副韧带的完全断裂。膝关节内侧副韧带止点处断裂、体部的完全断裂、外侧副韧带断裂是手术指征。膝关节侧副韧带急性损伤的保守治疗包括：利用石膏或支具制动、局部加压包扎、抬高患肢、局部冰敷。手术治疗主要以韧带重建方式进行。

2. 半月板损伤

造成半月板损伤的力量可分为压迫、旋转、外展和内收、屈曲和伸直4种。损伤是其中一种或数种作用力复合作用的结果。其损伤机制主要是间接暴力所致，多见于膝关节屈伸过程中同时又有膝的扭转及外翻动作。如当膝关节半屈和外展位时，使半月板向膝关节中央和后侧移位，此时如股骨远端骤然内旋，将半月板夹入股骨内髁和胫骨平台之间，在股骨髁强力内旋性牵拉下，内侧半月板则可发生破裂。另外，长期训练劳损也可导致半月板磨损、松动、变性、撕裂。膝关节间隙疼痛，疼痛与活动关系密切，体格检查发现膝关节肿胀积液、Mcmurry试验、摇摆试验、研磨试验阳性，均表明有半月板损伤的可能；MRI检查可明确诊断。如果膝关节无明显功能障碍，无反复出现的关节积液，无合并其他结构损伤，关节稳定性正常，MRI显示半月板仅为Ⅰ～Ⅱ度损伤，可采用保守治疗：如果合并其他结构损伤，关节出现不稳定或反复出现关节积液、疼痛而影响日常生活和工作，MRI检查显示半月板为Ⅲ度损伤，则应考虑手术治疗。目前，对半月板损伤大多采用修复方法：尽可能保存较多的正常半月板组织，处于“红区或红白区”的裂伤以缝合的方式进行修复。近年来，半月板移植技术、人工半月板技术不断发展成熟，成为不可修复半月板损伤的又一选择性治疗方法。

（二）腰部损伤

从排球技术上看，整个排球运动及训练过程中对腰部的力量和柔韧性要求很高。排球运动中大力砍式发球、大力跳发球和跳飘球等技术动作与扣球的技术接近，对攻击性发球强调力量的同时也使运动员的损伤发病率高于其他运动项目。大力跳发球时用力不当、击球部位不正确，往往会引发腰、肩部肌肉和韧带拉伤，反复长期累积则易导致腰肌慢性劳损。

腰部损伤主要包括腰肌肉筋膜炎、脊柱韧带损伤、腰椎间盘突出症、腰椎部裂、腰椎棘突骨膜炎、腰椎小关节紊乱。慢性劳损性损伤相对于急性损伤更为常见，且大多数的慢性损伤都是急性损伤没有得到及时有效的治疗发展而来。

腰部损伤多采用非手术治疗方式治疗：腰肌筋膜炎，可以采用理疗、针灸、按摩等方法治疗；韧带损伤，可采用理疗及局部封闭等方法治疗，运动员需要休息或是不涉及损伤部位的训练，一般情况2～3周可愈合。小关节紊乱，采用手法复位，局部封闭、按摩理疗也可以得到较好的疗效；腰椎间突出症，可经过CT或MRI检查进行确诊，并可以了解到突出的程度、回纳的可能性。若除此发作，椎间盘突出组织较小，纤维环破裂范围较小，可考虑保守治疗，采用持续平卧、牵引、按摩、理疗、输液、封闭、腰背肌锻炼等治疗方式多可有效促进髓核复位。若反复出现椎间盘突出、神经根刺激症状明显、出现腰椎不稳，CT检查显示突出髓核组织较大，则可考虑手术治疗。并根据不同类和需求，可采用椎间盘镜、切开髓核摘除、脊柱内固定、人工椎间盘置换等手术方式。

（三）指、腕关节损伤

排球运动中，接球时由于球速过快，有时被迫采取不合理的上下接球技术，从而导致手指关节损伤。

常见损伤包括拇指、食指的掌指关节、指间关节挫伤和扭伤，腕关节扭伤，指骨骨折、掌指关节脱位、腕关节三角软骨复合体损伤等。对于单纯性指间关节扭挫伤，可在伤后立即将伤指制动、暂停活动，局部冰敷24小时后改用热敷，并进行轻柔按摩。配以活血镇痛的外用药物，一般1～2周痊愈。掌指关节、指间关节的脱位，应先将脱位的关节进行复位，医生检查及X线检查以明确有无骨折或肌腱、韧带的断裂。如排除以上情况可用相应小夹板或石膏托进行固定箩局部冰敷。若发现存在不稳定骨折或肌腱断裂、侧副韧带撕裂，应及时进行手术治疗。

（四）足踝损伤

在排球比赛中，运动员需要有灵活而又稳重的步法（特别是在起跳扣球和拦网后），由于踝、足部的关节结构复杂，韧带较为薄弱，在间接暴力的作用下极易受伤而导致急性踝关节韧带扭伤。常见的足踝损伤包括踝关节外侧副韧带损伤（以距腓前韧带为主）。踝关节创伤性滑膜炎、第五跖骨基底部骨折等。急性韧带损伤需以石膏成支具制动间定，局部冰敷。X线检查，鉴别是否存在骨折。若有不稳定骨折，则需相应手术处理。

（五）其他损伤

排球比赛紧张激烈，技术动作有不可预测性，致使身体其他部位也有可能发生损伤。据调查，其他常见损伤包括肩袖损伤、肘关节骨性关节病、肩锁关节损伤、肘关节内侧肌肉韧带装置损伤、肩峰下滑囊炎、颈椎病、肋软骨损伤、颈椎骨折脱位、下尺桡关节分离以及股四头肌拉伤等。

四、损伤预防

1. 增强损伤预防意识

在心理上要重视运动损伤预防工作，消除运动损伤的隐患，强化正确动作技术的训练，注意强调起跳后的落地缓冲，以减小对躯干和下肢的冲击力。

2. 科学训练、有效预防

全面发展身体素质，提高自身防御运动损伤的能力，力量训练时要兼顾小肌肉群的训练，注重力量训练后的放松活动，使机体得到有效的放松和调整。避免练习过度集中在某一部位。在技术教学与训练中注意训练方式和手段的多样化，合理安排强度和负荷；加强易伤部位的保护：如指尖、指关节，可采用胶布或支持带缠绕固定；膝、踝、肘，可戴护膝、护踝、护肘。

3. 注重康复恢复过程

对急性损伤及时治疗并杜绝带伤参加训练和比赛，长期停止系统训练后的复出训练和伤后的恢复训练，应从小强度的、小重量的适应性练习逐渐加强受伤部位的力量训练，定期对异常感觉和疼痛部位作试验性检查。对慢性损伤要进行充分的准备活动，提高关节、肌肉的柔韧性以降低受伤的概率。大运动量后，用活血化瘀药酒按摩、擦拭受伤关节（或冰敷），以减轻伤痛；注意保暖。

4. 采取训练和物理疗法

对慢性损伤可采取积极的训练疗法进行预防和恢复。膝部慢性损伤，可做徒手静力下蹲，结合排球扣球起跳角度（一般下蹲角度在130° 左右），2～5分钟/次，2次/天，适应后可逐渐增加静蹲时间和增加负重情况下的练习；腰部慢性损伤，可采用“俯卧飞鸟”练习，上体胸部以上、膝部以下支撑平卧，或仰卧姿势下的腰部悬空练习，坚持时间5分钟以上，适应之后逐渐延长时间。其他慢性损伤也可采取针对性的静力练习，或采用针灸、按摩等物理疗法配合进行。

参考文献

[1] 张然. 新编排球训练纵谈 [M]. 南京：河海大学出版社，2019.

[2] 赵子建. 排球 [M]. 重庆：重庆大学出版社，2017.

[3] 陈诚. 现代排球技战术与实战训练研究 [M]. 西安：陕西人民教育出版社，2019.

[4] 温宗林. 阳光体育理念下的排球教学与训练 [M]. 哈尔滨：哈尔滨地图出版社，2019.

[5] 陈小珍. 排球、气排球与沙排 [M]. 杭州：浙江大学出版社，2017.

[6] 谭洁. 气排球运动教程 [M]. 长沙：湖南师范大学出版社，2017.

[7] 刘文学，李凤丽. 排球运动训练与指导 [M]. 长春：吉林摄影出版社，2017.

[8] 鹿军士. 新编排球入门与提高 [M]. 赤峰：内蒙古科学技术出版社，2017.

[9] 王恒. 排球教学与训练 [M]. 哈尔滨：哈尔滨工程大学出版社，2016.

[10] 金宗强，鲍勇. 我国优秀排球运动员专项体能评价与诊断 [M]. 天津：天津大学出版社，2018.

[11] 史友宽，屈东华，周屹嵩. 中国排球运动发展研究 [M]. 郑州：河南大学出版社，2014.

[12] 吉斌. 爱运动丛书排球 [M]. 重庆：西南师范大学出版社，2013.

[13] 毛振明. 体育教学论 [M]. 第三版. 高等教育出版社，2017：162.

[14] 李海，裘鹏. 体育教学案例分析与详解 [M]. 北京体育大学出版社，2014：168.

[15] 国务院. 国家教育事业发展“十三五”规划 [Z]. 国发〔2017〕4号. 2017.

[16] 郭淑玲. “学案导学”教学模式在综合高中政治课教学中的实践与研究 [D]. 大连：辽宁师范大学，2016：8.

[17] 陈爱丽. 学案导学在高中思想政治课教学中的应用研究 [D]. 烟台：鲁东大学，2016.

[18] 付春梅. "学案导学，自主探究"教学模式实践研究[D]. 济南：山东师范大学，2018.

[19] 王国亮. 翻转课堂引入普通高校公共体育教学的研究[D]. 北京：北京体育大学，2016.

[20] 贵健. 2017年大冠军杯中国女排与比赛对手发球、接发球技术对比分析[D]. 石家庄：河北师范大学，2019.

[21] 薛志. 时间知觉能力与排球扣球击球时机的相关研究[D]. 北京：北京体育大学，2018.

[22] 郗增辉. 山东师范大学女排技战术特征分析研究[D]. 济南：山东师范大学，2016.

[23] 李壮. 2014年女排世锦赛前六名队伍技战术特征与效果的对比研究[D]. 聊城：聊城大学，2015.

[24] 鲍树洋. 竞技排球技战术发展趋势及创新方法理论体系的研究[D]. 北京：北京体育大学，2015.

[25] 李少林. 排球普修课正面传球技术学习分化阶段纠正错误动作的实验研究[D]. 北京：北京体育大学，2015.

[26] 王振标. 排球运动中发球及其战术延伸探析[D]. 西安：陕西师范大学，2016.

[27] 鲍树洋. 竞技排球技战术发展趋势及创新方法理论体系的研究[D]. 北京：北京体育大学，2015.

[28] 陈亚青，孙宏伟. 中国女子排球发球技术的运用情况分析——以2019年女排世界杯赛为例[J]. 体育世界：学术版，2020（3）：10-11.

[29] 郭佳. 排球体能训练中存在的问题及对策分析[J]. 体育世界：学术版，2020（3）：6，13.

[30] 杜宁，李毅钧. 2020年东京奥运会背景下世界女排强队与世界顶尖女排运动员的进攻表现研究[J]. 首都体育学院学报，2020（2）：166-173.

[31] 杜宁，李毅钧. 中国女排职业联赛球队竞技对抗表现的诊断分析[J]. 体育学刊，2019（1）：132-136.

[32] 马胜毅. 浅谈多媒体技术在田径教学训练中的应用[J]. 产业与科技论坛，2017（16）：144-145.

[33] 吴慧聪，董斐娜."学案导学"与"翻转课堂"在高职公共英语课程中的可行性研究 [J]. 高教学刊，2017（4）：165.

[34] 刘启宪. 高中生物学新课程标准教学研讨"稳态与环境"模块的教学构思 [J]. 生物学通报，2007（7）：28-31.

[35] 李永超.排球教学中引进翻转课堂教学模式探究 [J].中国农村教育，2020（8）：10-11.

[36] 李鹏. 高校排球技术教学的创新——评《排球技术教学方法与训练》[J]. 教育发展研究，2016（19）：45-46.

[37] 王玲. 高校排球教学中运动损伤的成因分析及预防对策研究 [J]. 当代体育科技，2018（32）：10+12.

[38] 张超群. 大学生排球运动损伤特点及预防措施 [J]. 青岛大学医学院学报，2016（6）：535-537.

[39] 何晓娜. 高校排球教学中常见运动损伤分析与预防措施 [J]. 辽宁师专学报，2013（1）：47-50.

[40] 万晓冉. 试析排球教学中运动损伤的预防 [J]. 淮北职业技术学院学报，2017（5）：111-112.